서울, 골목길 풍경

임석재 지음

북하우스

차례

프롤로그
왜 골목길인가 　 7

삼선1동 　 18
삼선1동에 숨은 장면들 　 46

한남동(1) 남계천길 　 48
한남동에 숨은 장면들(1) 　 76

한남동(2) 해맞이길 　 78
한남동에 숨은 장면들(2) 　 102

이태원 　 104
이태원에 숨은 장면들 　 130

용산2가동 　 132
용산2가동에 숨은 장면들 　 158

북아현동 🟨 160
북아현동에 숨은 장면들 🟨 186

청파동 🟨 188
청파동에 숨은 장면들 🟨 216

서계동 🟨 218
서계동에 숨은 장면들 🟨 244

삼청동 🟨 246
삼청동에 숨은 장면들 🟨 274

에필로그
잊을 수 없는 골목길 여행 🟨 277

프롤로그

왜 골목길인가

 골목길이란 무엇인가. 친숙하고 누구나 다 아는 단어인 동시에 아스라한 추억의 단어다. 아파트가 도시에 이어 시골까지 전 국토를 점령하면서 점점 쓰지 않게 되는 단어이기도 하다. 아빠가 골목길 책 쓴다고 카메라 배낭 짊어지고 스케치북 들고 달동네를 오르락내리락하며 생고생하는 걸 보고, 초등학교 6학년 큰딸은 '골목길'이라는 단어를 알았지만 3학년 작은딸은 처음 듣는다고 했다. 그런데 작은딸이 평소에 쓰는 단어를 보면 꽤 어려운 외국어도 심심치 않게 등장한다. 골목길이란 단어가 어려워서 모르는 게 아니라 안 써서 모른다는 의미일 것이다. 결국 '골목길'이란 이제 외국어보다도 더 낯설고 어려운 단어가 되어가고 있다.
 이참에 골목길을 정의해보자. 여러 관점에서 정의할 수 있다. 무엇보다도 아늑함, 서민, 달동네, 삐뚤빼뚤 등과 같은 핵심 단어가 떠오른다. 평범한 단어들이지만 중요한 의미가 담겨 있다. 물리적 관점에서 '아늑함'은 휴먼 스케일의 개념을 내포한다. 폭, 높이, 형상 등이 일정 범위를 넘지 않아야 한다. 교통수단의 관점에서는 차가 못 들어오는 보행자 전용 길이어야 한다. '서민'은 사회적 관점에서는 계층 개념을 내포하는 말로, 근대사의 주역이 누구인지에 주목한다. 더 확장하면 역사를 소수의 지배계층 중심으로 보던 소위 주류론에서 다수의 이름 없는 국민 중심으로 보는 비주류론으로 넘어간다는 의미를 띤다. 문화적 관점에서는 일상성의 개념을 내포하는데, 진부한 하루하루이기에 오히려 소중한 일상이다.

'달동네'는 지리적 관점에서는 능선의 개념을 담고 있다. 한국 자연지형의 특징이기도 하려니와 대구 같은 분지형 도시 일부를 제외하면 서울을 비롯한 우리나라 도시 대부분의 지형적 환경이기도 하다. 역사적 관점에서는 근대성 논쟁과 관련되는데, 이는 한국전쟁 이후 대도시 형성 과정, 도시화, 압축 근대화, 부동산에 편승한 개발성장 등과 같은 주제들이다. '삐뚤빼뚤'은 조형적 관점에서 비정형성의 개념을 내포한다. 정형성이 주도한 인류 역사의 긴 흐름에서 한 번도 사라지지 않고 중요성을 지켜온 것이 비정형성이다. 방법 논리론의 관점에서는 귀납적 의미를 내포하는 말로, 사용자가 그때그때 필요에 따라 직접 만든 공간이라는 의미다. (그림 1)

종합해보자. 골목길은 '아늑한 휴먼 스케일을 유지하며, 차가 다니지 않아야 하고, 근대사의 주역인 서민들이 사는 공간이며, 일상성의 가치가 살아 숨 쉬는 동네다. 또한 능선에 나지막하게 퍼져 있어야 하며, 한국전쟁 이후 독재 개발기 때 농촌이 붕괴되면서 대

그림 1 | 용산2가동 신흥4길(오른쪽). '삐뚤빼뚤'한 골목길의 윤곽은 비정형성과 귀납성이라는 중요한 조형적 가치를 갖는다.

도시로 내몰린 사람들의 군집지이고 별의별 불규칙한 공간의 종합 선물세트이며, 귀납적 축적의 산물'이다.

이처럼 골목길에는 실로 많은 내용이 담겨 있다. 우리가 하루하루 살아가는 과정에서 미세하게 겪는 심리적 문제부터 세기 단위의 역사적 문제까지. 그와 관계되는 주제의 폭도 넓다. 그러나 정작 골목길에 대한 우리의 인식은 어떠한가. 97퍼센트는 밀어버리고 초고층 아파트를 세워서 재산을 불릴 대상으로만 인식된다. 1퍼센트는 아련한 추억의 대상, 또 1퍼센트는 사진작가의 작품 대상, 나머지 1퍼센트는 드라마나 영화의 배경 정도로 인식된다.

우리는 골목길에 대해 진지하게 생각해본 적이 거의 없다. 골목길은 우리가 살아온 역사이자, 문화이며 문화재다. 그곳은 물리적으로도 뛰어난 공간이다. 나는 나를 미치게 하는 창조적 공간을 외국 유명 건축가들의 작품에서는 더 이상 발견하지 못한다. 그러나 골목길에는 아직도 넘쳐난다. 그런 골목길이 점점 사라져간다. 모두 대기표를 손에 들고 철거 순서를 기다린다. 새치기라도 하고 싶어 난리들이다. 나에게 타워팰리스와 골목길 한 귀퉁이의 아담한 집 가운데 하나를 고르라면 나는 후자를 택하겠다.(그림 2)

어렵게 자란 편인 나는 고등학교 때부터 골목길 나들이를 좋아했다. 포근한 골목길을 거닐면 마음이 편안해졌다. 1990년까지만 해도 많이 남아 있었는데, 그렇게 십 수 년을 나들이 대상으로만 즐기는 사이, 어느 순간부터인지 몇 달 바쁘게 지내다 가보면 싹 밀리고 없어지기 시작했다. 정부관청이란 곳이야 숫자만 가지고 행정하는

그림 2 | 서계동 다래길(오른쪽). 골목길 속 집들의 조형성은 초고층화 되어가는 아파트보다 훨씬 뛰어나다.

프롤로그   11

곳이니 골목길의 정서적 문제까지 다루지는 못할 것이다. 가끔 건축가, 사진작가, 화가, 조각가 등이 예술적 대상으로 삼기는 하지만 현실과의 거리는 너무 멀어만 보인다.

그러는 사이 골목길은 급속도로 사라졌다. 이제 정말 몇 군데 남지 않았다. 이번에 이 책을 쓰면서 정리해보니, 골목길이란 이름을 붙일 정도의 흔적을 조금이라도 가지고 있는 동네는 서울에 잘해야 마흔 곳 정도였다. 그나마 절반 정도는 파편으로만 골목길을 품고 있었고,

그림 3 | 삼선1동 장수3길. 골목길은 생활소품의 의미가 가장 잘 살아나는 공간이다.

한 토막이라도 온전히 남아 있는 동네는 스무 군데가 채 되지 않았다. 일정한 면적을 골목길로 지킨 동네는 열 군데 안팎에 불과했다. 그렇게 고르고 골라 이 책에 담았다.

어떻게 하면 골목길의 의미와 가치를 잘 정의할 수 있을까 고민했다. 3차원 공간인 골목길을 글, 사진, 지도 등 2차원 매개만으로 표현하는 것이 기본적으로 한계가 있었다. 그 한계를 극복하기 위해 가능한 한 여러 관점에서 입체적으로 조망하려 했다. 우선 골목길의 건축적, 공간적, 조형적 특징을 정의한 뒤, 골목길에서 느낄 수 있는 심리적 측면을 경험적 관점에서 해석했다. 여기에는 골목길에서 만난 사람들과 나눈 대화도 소중한 자료였다. 이런 것들을 바탕으로 모두 같아 보이는 각 동네마다 고유의 특징을 찾아냈다. 특징은 스케일에 따라 세 단계로 나누었는데, 가장 큰 스케일은 동네 전체의 특징이었다. 서울 안에서 차지하는 위치도 생각했다. 중간 스케일에서는 각 동네를 몇몇 지역으로 나누어 분석했다. 작은 스케일에서는 골목길을 하나하나 파고들어 관찰했다(그림 3). 마지막으로 골목길을 두고 우리가 부리는 욕심, 우리가 보이는 행태를 반성하고 대안을 모색했다. 가급적 쉬운 말로 썼지만 인문학적 이론으로 발전할 가능성을 담았다.

사진을 찍고 지도를 그리며 한 동네에 닷새 이상씩 머무는 동안 많은 경험을 했다. 골목골목 다녀보지 않은 곳이 없었고 많은 사람들과 대화를 나눴다. 간 곳에 또 가고 사소한 장면까지 사진에 담고 미세하게 꺾인 각도까지 지도에 그렸다. 한 동네에서 사진을 1천5백여 장 찍었고 지도도 여러 장 그렸다. 동사무소에 가면 관내도라는 지도가 있지만 일부러 쳐다보지도 않고, 직접 발로 그렸다. 한 걸음 한 걸음 직접 확인한 것만 그렸다. 내 발로 밟은 것, 내 몸으로 느낀 것, 내

눈으로 본 것, 내 손으로 만진 것만 그리느라 초벌은 많이 엉성했다. 이 길과 저 길이 끝에서 만나야 되는데 한참 벌어지기 일쑤였다. 고치고 또 고치며, 대여섯 번 수정한 끝에야 겨우 한 동네의 지도를 완성할 수 있었다(그림 4). 집에서 정리하다 말고 뛰어나가 확인하기도 여러 번이었다. 노트에 빼곡하게 메모를 하며 객관적 정보도 담았지만 무엇보다도 현장에서 파닥파닥 튀어오르는 느낌을 놓치지 않으려 애썼다. 녹음기에 그때그때 느낀 점과 생각을 녹음하고, 지나치게 주관

그림 4 | 한남동 초벌 지도

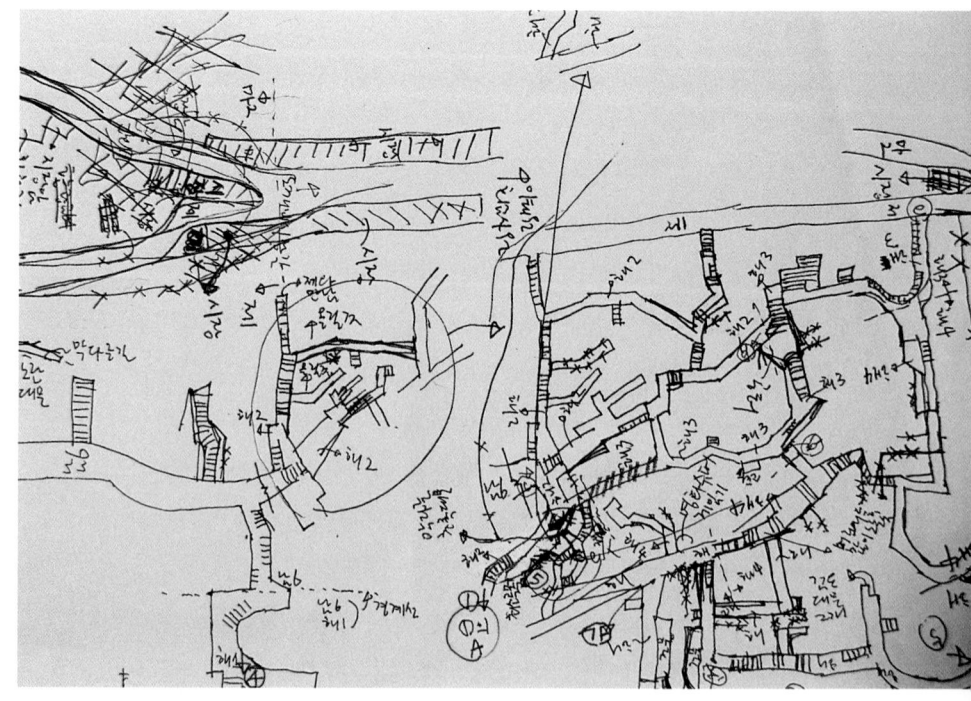

적인 감성에 치우치지 않도록 일부러 한발 떨어져서 생각에 생각을 거듭했다.

 나 자신도 놀랐다. 막연히 나들이만 하던 때와는 많이 달랐다. 직접 찍고 그리고 느끼고 쓰다 보니 참으로 놀랄 만한 공간이 아닌가! 우리에게도 이런 공간이 있다는 사실이 기쁘면서도 동시에 안타까웠다. 점점 사라져가는 것이 안타깝지만, 나 혼자 지킬 수는 없었다. 일단 그리고 찍고 쓰고, 많이 느꼈다. 그렇게 기록이라도 해두고 나니 조금 안심이 되었다. 실로 힘든 몸부림이었다. 날씨가 제법 더울 때 시작해서 추위가 다가와서야 끝났다. 여름 내내 비지땀을 흘리며 달동네 언덕을 하루에도 수십 번 오르락내리락했다. 저녁 여섯 시쯤이면 골목길 한구석에 주저앉아 헐떡거리며 쉬었고, 작업 막바지 즈음엔 할아버지들이 입는 에어메리를 입고 양말을 두 켤레 신은 채 손을 호호 불고 눈에 미끄러지며 돌아다녔다. 이렇게라도 할 수 있는 곳이 아직 몇 군데라도 남아 있는 게 다행이라며 자위했다. 솔직히 이것이 내가 할 수 있는 전부였다. 골목길의 진정한 의미를 조금이나마 끄집어내 보여줄 수 있다면 더 바랄 것이 없다.

 막연한 낭만주의와 철부지 감상주의 모두를 경계했고, 그 반대편인 설익은 이성주의도 경계했다. 감정이입을 하되 논리적 해석을 지키려 노력하며 공간을 분석했고 삶을 느꼈다. 가능한 한 포괄적이고 이성적으로 생각했고 모든 감각을 동원해 느꼈다. 골목길이 불량주택과 동의어로 인식되는 현실을 조금이라도 고쳐보고 싶었다. 재개발을 하면 재산이 불어나는데 무조건 나쁘다고만 할 수도 없는 노릇이었다. 다만 골목길도 엄연히 또 하나의 현실이라는 것을 확인하고 싶었다. 돈벌이는 되지 않지만 더 소중한 또 하나의 현실이라는 것을 나 혼자만이라도 확인하고 싶었다.

내가 내린 결론은 이랬다. 골목길이 가장 아름다울 때는 '해질녘, 딸내미 피아노의 똥땅거리는 소리가 들리고, 어머니가 호박 써는 도마 소리가 통통통 울리고, 된장찌개 끓는 냄새가 퍼지고, 가끔 개가 멍멍 짖고, 집 밖에 널어놓은 빨래가 기분 좋게 말라가고, 화분 속 꽃도 휴식에 들어가고, 일터로 나간 남편과 아버지를 기다리는 마음이 골목어귀까지 뻗는' 때이다. 재미있게 꺾인 물리적 윤곽 자체도 물론 중요하지만, 그렇게 꺾이는 궁극적 목적은 결국 이런 것들을 담기 위함이었다는 것이 내가 내린 결론이다.

물론 골목길 생활이 모두 이렇다는 것은 아니다. 나만의 비현실적인 이상일 수 있으며 내가 경계하려 한 철부지 감상주의일 수 있다.

그림 5 | 북아현동 능동3길. 골목길의 가장 큰 장점은 사람을 소박하게 만드는 아늑한 휴먼 스케일이다.

한 번도 달동네에 살아본 적 없는 배부른 소리일 수도 있다. 골목길 사람들은 한층 힘들고 붕괴된 가정생활을 살고 있을지 모른다. 여름에는 더위와 모기에 시달리고, 겨울에는 차가운 외풍에 시달리고, 골목길은 지저분한 쓰레기로 넘쳐나고, 화장실은 집 밖에 냄새나는 재래식으로 남아 있고, 코딱지만 한 집에서 싸움이 끊이지 않고, 가난 때문에 가정은 붕괴되었을 수도 있다. 그러나 나는 믿고 싶다. 이상적으로 제시한 이런 집이 골목길 속에는 많을 것이라고. 그리고 골목길이라는 공간구조가 이런 이상적 가정을 가장 잘 담을 수 있을 것이라고(그림 5).

우스갯소리와 감사의 글로 마무리하자. 가장 기억에 남는 아주머니는 한남동 해맞이2길에서 '자장면 배달할 지도 그리느냐'고 묻던 분이다. 힘들게 달동네 생활을 유지하는 골목길 주민들께 감사드린다. 재미있는 대화를 주고받은 분들께도 감사드린다. 졸고를 출판해주신 북하우스와, 힘들고 외로울 때 힘이 되어준 좋은 사람들에게 감사드린다. 부모의 이혼을 극복하고 잘 자라고 있는 두 딸에게 눈물로 감사한다.

삼선1동

삼선평(三仙坪)과 서울성

삼선1동은 한성대 앞동네로 흔히 삼선교라고 부르는 곳이다. 크게 보면 지하철 4호선 한성대역에서 성신여대로 넘어가는 길의 오른쪽 지역이고, 조금 좁히면 한성대를 정면으로 바라보았을 때 오른쪽 평지와 뒤쪽 산기슭 지역이다(그림 1, 2). 행정구역으로는 삼선1동에 해당한다. 한성대 왼쪽에도 삼선2동의 골목길 동네가 있었지만 지금은 다 헐리고 아파트 공사가 한창이다.

삼선1동은 서울 전체로 보면 남산의 북쪽 너머에 있는 산동네다. 남산은 남쪽으로는 한강까지 비교적 길게 흘러내려가지만 북쪽으로는 짧게 끝나, 명동에서 종로에 이르는 넓은 평지에서 멈춘다. 이 평지는 다시 북쪽으로 계속되면서 동소문동, 동선동, 삼선동 일대까지 이어진다. 삼선동이라는 이름도 혜화문 밖의 평평한 들판인 삼선평 (三仙坪)에서 유래했다.

삼선동이 평지로만 된 것은 아니다. 삼선평을 가운데 두고 동서 양쪽으로 언덕이 있는데, 이 가운데 서쪽 언덕이 돈암2동이고 동쪽 언덕이 삼선1동이다. 돈암2동도 초고층 아파트로 재개발되어 이제 이 일대에서는 삼선1동에만 골목길이 남아 있다. 삼선1동은 남산의 북쪽에 있기 때문에 남산의 남쪽에 있는 한남동, 이태원, 용산2가동 같은 동네와는 분위기가 사뭇 다르다. 남쪽 동네들이 남향의 배산임수 지형으로 햇빛을 정면에 받아 밝은 분위기인 데 반해 삼선1동은 해가 빨리 진다. 성북구라는 이름에서도 알 수 있듯이 성의 북쪽에 있는 동네 아닌가. 그 대신 상대적으로 차분한 동네로, 사람들 움직임도 안정되고 말씨도 조용조용하다. 바깥 활동도 적은 편이라 동네사람들은 점심 지나 햇살 받으러 모여 잠시 환담을 나누다가도 일찍

그림 1 | 삼선1동 전체 지도

그림 2 | 삼선1동 전경. 서울성도 삼선동의 동네 특징과 위치를 결정짓는 중요한 요소다.

그늘이 드리우면 집으로 들어가버린다. 낯선 사람에게 친절하게 말을 걸기도 하지만 수줍음도 많이 타는 것 같다. 외지인인 내 눈치를 보다 슬금슬금 몸을 숨긴다.

    삼선1동은 북한산의 남동쪽 끝자락으로 볼 수 있다. 북한산은 남동쪽으로 조금씩 낮아지면서 평창동-세검정-성북동으로 이어져 내려오다 동소문동 지역에서 동쪽으로 다시 한번 솟아오르는데, 이것이 낙산이다. 낙산의 남동쪽 지역이 창신동, 남서쪽 지역이 대학로, 서북쪽 지역이 삼선1동이다. 삼선1동의 능선 정상부에는 낙산공원이 있는데, 서울성이 공원의 경계를 형성하고 있다. 동소문에서 낙산 정상까지 서울성의 일부가 있던 것이 최근에 복원되어 삼선1동의 중요한 골격을 이루게 된 것이다.

삼선1동은 한성대길이 동쪽 경계선을, 서울성이 서쪽 경계선을 이룬다. 서울성을 따라 난 장수길은 쭉 나아가다가 장수1길을 조금 지난 지점에서 서울성과 헤어져 왼쪽으로 갈라져 나가며 윗동네의 서쪽 경계선이 된다. 장수길은 구릉지 물길 따라 노인들이 모여 살던 곳에서 유래한 이름으로, 경치 좋은 물가에 살다 보니 장수하는 마을이라는 뜻인 것 같다. 서울성은 장수길에서 떨어져 나와 혼자 올라가다 위쪽 정상부에서 장수2길과 만나 한참을 더 이어진다. 삼선1동에서 규모가 큰 시설은 한성대 외에 삼선공원이 있는데, 삼선공원은 한성대와 맞닿으면서 삼선1동의 북쪽 대부분을 차지한다.

계단과 화분

삼선1동의 조형적 특징은 계단이다. 쭉 뻗은 계단, 넓은 계단, 좁은 계단, 넓었다가 좁아지는 계단, 구불구불한 계단, 축대형 계단, 삐뚤빼뚤한 계단, 불규칙한 계단, 단숨에 오르는 계단, 쉬었다 가는 계단, 꺾인 계단, 휜 계단, 굽이치는 계단, 급한 계단, 완만한 계단, 긴장한 계단, 늘어진 계단, 전망 좋은 계단, 쥐어짜는 계단, 갈라지는 계단, 합치는 계단, 잇는 계단, 막힌 계단…… 종류도 다양한 이런 계단들이 이곳저곳에서 길과 길 사이를 분주하게 연결하고 사람들을 집으로 실어나른다. 시원한 계단은 높은 곳으로 단번에 오르고, 아기자기한 계단은 골목길도 마다않고 꺾이는 마디마다 파고든다. 앞의 것이 호탕한 심포니의 활보라면 뒤의 것은 스타카토에 맞춘 종종걸음이다.

시원한 계단은 아래쪽 평지 동네인 한성대 앞쪽에서 많이 관찰된다. 한성대길을 따라 한성대로 들어가다 보면 왼쪽 경사지를 향해 넓고 쭉 뻗은 계단길이 두 번 연달아 나온다(그림 3). 이 밖에도 막다른 골목으로 오르는 계단도 있고 축대를 따라 오르는 계단도 있다. 아기자기한 계단은 위쪽 산동네에 많은데, 장수길에서 낙산으로 오르는 가짓길을 따라 계단은 짧은 박자로 급하게 이어진다. 얼마 못 가 끊기다 꺾고 다시 얼마 못 가 꺾인다 (그림 4).

계단은 비단 이 동네만의 특징은 아니다. 경사지에 만들어진 골목길 모두에서 계단은 중요한 교통수단이요 대표적인 건축 어휘다. 이런 골목길의 계단은 오랜 시간에 걸쳐 그때그때 상황에 맞게 만들어졌기 때문에 불규칙적으로 나타날 수밖에 없는데, 이는 귀납성의 산물인 동시에 거꾸로 귀납성을 가장 잘 보여주는 대표적인 예다. 그러나 이것만으로는 설명이 부족하다. 유럽의 오래된 골목길과 비교해보았을 때, 한국 골목길의 계단은 불규칙성과 다양성이 훨씬 심하다. 획일화된 규칙성이나 직설적 명료함보다 은근하고 복잡한 것을 좋아하는 민족정서 때문이 아닐까. 우리말에 형용사가 특히 많은 것과 일맥상통하지 않을까. 한 가지 대표 현상을 정도와 성격에 따라 조금씩 변화시키면서 다양하게 파악하

그림 3 | 삼선1동 한성대4길. 쭉 뻗은 계단은 옆으로 집을 거느리며 언덕을 단번에 호탕하게 오른다.

그림 4 | 삼선1동 장수6길. 좁은 골목길을 파고드는 계단은 급하게 꺾인다.

고 즐기는 민족정서 같은 것이다.

 더 근본적으로 얘기하면 사물을 대하는 기본 시각의 문제이기도 하다. 사회건 자연이건 만물의 속성이 단어 하나로 단정지을 수 없다는 다원적 입장이다. 대상의 본성이 이러한데 이것을 대하는 사람의 다양한 시각과 태도는 더 말할 가치도 없다. 전통건축에서도 계단의 불규칙성과 다양성은 중요한 특징으로, 짧은 거리에서는 무위와 해학이, 긴 거리에서는 꺾임과 갈래가 나타났다. 계단은 사람과 주변 환경 사이를 맺어주는 일차적 건축 요소로, 민족의 정서와 철학이 잘 드러난다. 다원성을 즐긴 우리의 전통정서가 전통건축의 계단에 나타난 것은 당연하다. 이것이 사라지지 않고 시간과 장소를 옮겨 서울의 골목길에서 계속 이어지고 있으니, 전통정서를 현대적으로 이식한 한국적 근대성의 좋은 예라 하겠다.

 삼선1동만의 특이한 점도 있는데, 한성대길 계단은 각 단의 윤곽을 하얀 선으로 그렸다. 주의하라는 안전신호일 수도 있고 그 자체가 하나의 그림으로 읽히기도 하는데, 아마 단순하게 반복되는 지루함을 덜어주기 위한 배려인 듯하다. 삼선공원4길에서는 계단의 윤곽뿐 아니라 각 단의 세로면에 숫자를 써놓았다. 밑에서 올려다보면 1, 2, 3, 4……로 이어지는 일련번호가 읽힌다(그림 5). 계단이 물결치듯 움직이니 윤곽선과 숫자도 따라 움직인다. 이런 처리들은 재래골목의 계단을 적극적으로 수용하겠다는 의지의 표현이다. 재래골목을 불량스럽고 밀어버릴 대상으로 보는 것이 아니라, 그 특징에 올라타서 적극적으로 함께하겠다는.

그림 5 | 삼선1동 삼선공원4길(왼쪽). 긴 거리를 올라가는 이 계단에는 숫자를 써 넣어 지루함을 달랬다.

더 두드러진 특징이라면, 계단과 집이 접하는 곳의 활용도가 뛰어나다는 점이다. 계단과 대문 사이에 작은 면적을 확보해서 일종의 포켓 공간으로 활용했다. 화분이나 세간을 늘어놓거나, 그냥 빈 공간으로 두어 숨통을 틔우기도 했다. 집을 드나들 때 숨 한 번 쉬어주는 여유에 해당하는 이런 여백은 집 안과 밖을 이분으로 가르기 부담스러워한 마음에서 생긴 전이공간으로, 손님을 맞는 친절과 여유를 읽을 수 있다. 굳이 기능적 이유를 찾자면 계단의 경사가 심하지 않기 때문으로 보인다. 그러나 이것만으로는 설명이 부족하다. 계단과 집이 만나는 지점의 포켓 공간이 이 동네만의 독특한 현상인 이상, 한 집에서 아이디어 낸 것을 다른 집에서도 보기에 좋아 따라하다 보니 그렇게 되었을 수 있다.

포켓 공간에 내놓은 물건 가운데 화분이 가장 눈에 띈다. 그러고 보니 이 동네는 꽃과 풀이 참 많다. 계단 앞 포켓 공간만이 아니라 골목길 구석구석에 꽃과 풀이 정말 많다. 화분은 물론이요 담 따라 기어 올라가는 나무도 지천이다. 화분과 풀도 계단처럼 아무 골목길에서나 쉽게 볼 수 있는 현상이긴 하지만 이 동네는 유난스러운 것 같다. 마당이 좁거나 없기 때문에 마당을 대신하는 기능적 이유를 생각할 수도 있지만 이것만으로는 설명이 부족하다. 어떻게 해서든 자연을 조금이라도 더 주변에 두고 싶어하는 바람의 발로가 아닐까. 이것 역시 사물과 환경에 대한 기본적인 시각의 문제다.

골목길에서는 이런 공간을 활용해 푸성귀를 직접 길러 먹는 모습을 흔히 볼 수 있다. 삼선공원3길에서는 비교적 큰 공터를 살려 텃밭으로 꾸몄다(그림 6). 산업화에 흡수되기를 거부하는 작은 몸부림이다. 밥상에 오르는 나물까지 전부 중앙집중화된 거대기업에서 독점적으로 재배해서 대형마트에서 파는 세상이다. 농약이네, 중금속 오염이네, 유전자조작이네 해서 잡음이 끊이지 않지만, 정작 사먹는 사람들은 자신이 먹는 것에 단 1퍼센트의 권리도 행사할 수 없다. 산업화의 폐해가 안방의 밥상 위까지 악랄하게 파고든 세태…… 골목길에 너풀거리는 푸성귀의 가냘픈 녹색은 이런 세태를 벗어나고픈, 지푸라기 같은 희망이다. 골목길 속 화분이 산업사회에서는 경제행위의 의미까지 띤다. 가볍게 보아 넘길 일이 아니다.

　삼선공원1길, 녹색 화분과 담쟁이덩굴로 대문과 담을 가득 채운 어느 집의 아름다움이 시선을 사로잡았다. 일요일 오전, 녹색은 따사로운 햇빛을 받으며 그렇게 평화롭게 빛나고 있었다. 그 집에 사는 할머니가 친절하게 나무의 이름을 가르쳐주셨다.

그림 6 | 삼선1동 삼선공원3길. 본선이 아래를 지나고 갈림길이 오르면서 텃밭을 만들었다.

"이건 호박처럼 보이지만 수세미야. 이걸 따서 속을 파내고 그릇 닦는 데 쓰지."

이 정도는 나도 알고 있었지만 그냥 신기한 듯 웃어드렸다. 요즘은 전부 화학제품으로 만든 수세미를 쓰지만 예전에는 자연산 수세미를 집에서 직접 재배해서 쓰는 집이 꽤 많았다. 아마 마흔을 넘긴 세대는 이런 기억을 할 것이다. 할머니는 집 안 가득한 풀과 나무와 꽃 들을 흐뭇하게 쳐다보시며 "요즘도 이런 데 관심 있는 사람이 있네…… 잘 가요" 하고는 한참을 집 앞에 서서 내 뒷걸음을 봐주셨다. 노인 특유의 부드러운 관대함이다. 그것이 풀과 나무와 꽃에서 나왔는지, 아니면 원래 관대해서 풀과 나무 그리고 꽃을 이렇게 많이 키우는 건지는 모르겠다. 풀 한 포기도 소중하게 가꾸는 녹색의 힘과 할머니의 온화한 인상이 참으로 잘 어울리며 겹쳐졌다. 나이 들면서 고집과 편견으로 옹색해지고 정체 모를 증오로 스스로 갉아먹는 것이 보통일진대, 진실로 모범이 되는 어르신 한 분을 뵈었다.

삼선공원길, 장수길, 낙산공원

삼선1동은 큰길 여덟 개, 작은길 스물세 개, 모두 서른한 개의 길이 나 있다. 이 가운데 골격이 되는 주요 윤곽은 한성대, 삼선공원, 삼선공원길, 장수길, 서울성이다(그림 7). 이들을 기준으로 동네를 세 지역으로 나눌 수 있는데, 첫 번째는 한성대길과 삼선공원길 사이에 낀 지역이며 주로 한성대 앞동네에 해당된다(그림 1 왼쪽 아래). 한성대길, 한성대4길, 삼선공원1길, 삼선공원2길, 욱구길, 욱구3길 등이 주요 길이다. 욱구길이란 이름은 옛날 이 지역이 사대문 밖 시골마을이었을

그림 7 | 삼선1동 길 얼개 지도

때 욱구마을이라 불린 데서 유래한다. 평지 분위기가 지배적인 가운데 약한 경사지의 특징이 섞여 있는 지역으로, 다세대주택이 주를 이루는 중산층 동네라 오붓한 골목길 분위기는 아니다.

그래도 한성대4길에는 아직 옛날 골목길의 흔적이 파편처럼 남아 있다. 좁디좁은 골목길을 따라 경치가 숨었다 드러나고 막혔다 나타난다. 담과 지붕은 키를 많이 넘지 않으며, 햇빛은 거만하지 않고 바닥까지 친절하게 내려와 발끝을 비춘다. 마음에 담기에 알맞은 휴먼 스케일이다. 단편적이어서 더욱 애틋한 그 빛은 포근함을 소곤거리듯 보여준다. 색조는 옅은 주홍과 노랑으로 서정적이어서 아늑하고 따뜻한 정취가 넘친다(그림 8).

그림 8 | 삼선1동 한성대4길. 아담한 휴먼 스케일과 포근한 색조는 햇빛의 가치를 잘 살려낸다.

한성대4길 외 지역은 분식집, 문구점, 카페 등 대학생을 위한 시설과 주택가가 섞여서 중산층 나름의 독특한 분위기를 만들어낸다. 두 기능이 섞이다 보니 하루 종일 활기가 이어진다. 아침 일찍부터 등교하는 학생들이 분주히 지나가고 슈퍼마켓은 물건을 채우느라 부산하다. 오전 열 시쯤 되면 주부들이 나오기 시작한다. 미용실 문이 열리고 슈퍼마켓에서 물건을 팔기 시작한다. 점심시간이 지나면 학교에서 쏟아져나온 어린아이들이 거리의 주인이다. 조금 더 지나면 하교하는 한성대생들과 장 봐서 돌아가는 주부들이 섞여 하루를 마감하는 늦은 오후만의 독특한 분위기다. 과(過)하지도 과(寡)하지도 않은 전형적인 중산층 삶의 풍경, 이것이 바로 '동네'다. 땅을 디디고 너무도 생생하게 살아 움직이는 삶의 실체다.

두 번째는 삼선공원길과 장수길의 아래쪽 사이에 낀 지역으로 욱구2길, 정각사길, 삼선공원1길, 삼선공원3길-삼선공원5길 등이 주요 길이다(그림 1 중간). 이 지역은 평지에서 산기슭으로 올라가는 지형변화가 주요 특징으로, 평지와 산기슭의 경계는 호남슈퍼 앞 삼거리다. 삼선공원길이 올라오다 욱구3길-삼선공원3길-삼선공원길의 세

그림 9 | 삼선1동 삼선공원길. 갈림길 모퉁이의 슈퍼마켓은 골목길 동네의 중요한 모임터다

갈래로 나뉘고, 이 삼거리에 호남슈퍼가 있다(그림 9). 호남슈퍼는 중요한 랜드마크(landmark)로, 비교적 깊숙한 동네의 분기점에서 길을 안내한다. 이 슈퍼는 요지를 차지한 데 비해 활성화되진 않아, 가게 앞에 평대도 깔아놓고 테이블도 놓았지만 사람들은 물건만 사서 쌩하니 가버릴 뿐 모이질 않는다. 주인 성격이 너무 조용하기 때문인 것 같다. 이를테면 청파1동의 순흥슈퍼 아주머니 같은 활달한 성격과는 완전 반대다.

호남슈퍼 전까지는 평지 동네로, 앞의 첫 갈림길 동네하고 비슷한 분위기다. 호남슈퍼를 지나 삼선공원3길을 따라 오른쪽으로 들어가면 산기슭의 오르막 동네가 시작된다. 삼선공원3길을 뼈대 삼아 네 갈래 길이 가지 치듯 갈라져나와 산기슭을 따라 서울성을 향해 오른다. 이 가운데 하나만 막다른 골목이고 나머지 셋은 제법 긴 여정을 거쳐 서울성까지 이어진다. 가짓길 사이에는 텃밭도 있어서 푸성귀를 직접 재배할 수 있으며, 오르막 중간에는 정각사라는 제법 큰 절도 있다.

여기서 끝이 아니다. 뼈대길-가짓길 구조는 위쪽 더 깊숙한 곳으로 이어진다. 길 이름이 바뀌어 이번에는 장수1길을 따라 두 갈래 오름길이 갈라져 나가는데, 두 길 모두 무척 삐뚤빼뚤 힘

그림 10 | 삼선1동 장수길. 꺾임은 시선을 막았다 풀며 이동에 긴장감을 높인다.

들게 오른다(그림 10). 이상을 합치면 뼈대 하나에서 가짓길 여섯이 오르는 셈이다. 잠깐, 아직도 끝나지 않았다. 가짓길 중간중간 더 작은 길들이 한 번 더 갈라지는데, 모두 막다른 골목이다.

세 번째는 장수길 위쪽과 장수2길 사이에 낀 지역인데 장수3길-장수8길이 주요 길이다(그림 1 오른쪽 위). 이 지역은 산기슭에 형성된 전형적인 달동네로, 동쪽 아랫동네는 장수길이, 서쪽 윗동네는 장수2길이 각각 경계를 이룬다. 이 두 길 사이를 거미줄 같은 실길들이 언덕을 오르내리며 연결한다. 합침과 헤어짐, 꺾임과 갈라짐이 심해 갈래 수를 정확히 세기가 어렵다. 어림잡아 일고여덟 갈래 정도의 실길이 장수길과 장수2길을 연결하는데, 이번에도 실길들에서 막다른 골목들이 한 번 더 갈라진다. 실핏줄이 몸속 구석구석 뻗쳐 있는 것과 비슷

그림 11 | 삼선1동 장수2길. 서울성은 위쪽에 배경막을 이루며 동네를 포근하게 감싸준다.

하다.

　이 지역의 특징은 정상부에 있는 서울성과 낙산공원으로, 서울성은 든든한 울타리를 만들어준다. 보기에 따라서는 동네가 서울성을 이고 있는 것처럼 다소 무겁게 느껴지기도 하지만, 자세히 보면 방어막에 가깝다(그림 11). 서울성 동쪽은 삼선1동의 달동네이고 서 은 낙산공원이다. 서울성이 장수2길과 다시 만나는 지점을 조금 더 지나면 낙산공원으로 나가는 문이 있는데, 집 앞에서 성문을 드나들다니 이것도 참 특이한 경험이다. 문을 지나 낙산공원에 나가면 확 트인 밝은 분위기로 바뀐다. 공원 자체가 숨통을 넓게 틔어주기도 하려니와 햇빛이 잘 들어서 쾌적하다.

　낙산공원 쪽이건 장수2길 쪽이건 상관없이 이 지역은 정상부이기 때문에 양쪽에서 서울 시내가 한눈에 내려다보인다. 낙산공원 쪽에서는 종로-광화문 일대의 중심부가 보이고, 장수2길 쪽에서는 미아리-정릉 일대의 서울 동북 지역이 보인다. 가벼운 운동 삼아 산책하기에도 좋고 데이트 코스로도 좋아, 이곳을 아는 커플들이 전망을 즐기는 장면을 쉽게 볼 수 있다. 정상부에는 창신동으로 내려가는 마을버스도 있으며, 마을버스 정류장에는 구멍가게도 커피 자판기도 있다. 버스가 떠날 시간이면 '때르릉' 하는 벨소리가 울린다. 참으로 오랜만에 들어보는 벨소리다. 구멍가게에서 쉬고 있던 버스기사 아저씨가 벨소리를 듣고 뛰어나와 버스에 올라타고, 구멍가게 주인 쪽으로 '나, 가'라며 인사한다. 시골의 오래된 터미널을 축소해놓은 분위기다. 삼선1동의 골목길을 따라 올라와 낙산공원을 거닐며 시내 전망을 즐긴 뒤, 마을버스를 타고 내려가는 재미가 쏠쏠하다.

　낙산공원 외에 삼선공원도 분위기 좋기로는 만만치 않다. 정상부에 성을 끼고 있는 낙산공원이 넓고 밝은 분위기인 데 반해, 삼선공원은 낮고 깊숙한 곳에 아늑하게 만들어져 있어 언덕 사이에 폭 안기는 지형이다. 서울 전체에 내놓아도 이 두 공원은 빠지지 않는다. 골목길이 살기 힘들고 열악한 동네만은 아니라는 중요한 반증이다. 아침 먹고 삼선공원에서, 점심 먹고 낙산공원에서 산책할 수 있는 혜택은 분명 삼선1동만의 자랑이다.

갈림길, 추상, 테라스

대표 장면을 자세히 보자. 삼선공원3길은 좁은 길을 따라 다양한 장면이 늘어서 있는데, 좁지만 사람 왕래가 많은 주요 통로다(그림 7). 또한 삼선공원길에서 장수1길을 돌지 않고 직선으로 이어주는 지름길로, 호남슈퍼 앞 삼거리에서 시작해 100여 미터를 이어지다 삼선공원길을 만나서 끝난다. 중간에 큰 꺾임은 없지만 지그재그 삐뚤빼뚤 끊일 듯 이어진다. 길지 않은 거리지만 중간에 여섯 번의 가짓길을 거느리며 뼈대길의 역할을 한다. 그 속에는 물론 다양한 장면들이 숨어 있다.

첫 번째 가짓길은 짓궂다. 밖에서 들여다보면 막힌 것 같지만 들어가보면 뚫렸고, 거기서 한 번 꺾고 나면 다시 막혔음을 알 수 있다. 짓궂음만큼 계단을 오르는 방식도 독특하다. 중심계단에서 각 집으로 들어가는 부속계단이 갈라져 나간다. 삼선공원길에서부터 치자면 세 번의 가지치기인 셈으로, 마지막 가짓길인 막다른 골목에서 부속계단을 통해 한 번 더 가지치기가 일어난다(그림 12).

두 번째 가짓길은 삼선공원4길이고 세 번째 가짓길은 삼선공원5길이다(그림 13). 이 두 길은 별도의 이름을 붙인 데서 알 수 있듯이 정상부 서울성까지 올라가는 독립된 길이다. 네 번째와 다섯 번째 가짓길은 사이에 텃밭을 품으며 위에서 만나는데(그림 6), 본선에서 갈라졌다가 돌아나가 다시 합치는 고릿길이다. 루프(loop)라고 불리는 순환구도 혹은 환상형(環狀型)인 이 길은, 텃밭 위쪽에서는 좁은 샛길을 통해 옆의 삼선공원5길과 만난다. 집주인은 이것이 길이 아니라 자기 집 마당이라며 들어오지 말라고 화를 냈다.

그림 12 | 삼선1동 삼선공원3길. 오른쪽 계단은 집으로 오르는 가짓길이고, 왼쪽 길은 속으로 더 파고든다.

여섯 번째 가짓길도 이름은 삼선공원3길인데, 이 길은 초입부터 범상치 않다. 묘광사 앞에서 6거리가 만들어져 있는데, 본선 뼈대길인 삼선공원3길이 정확히 세 걸음밖에 떨어져 있지 않으니 이것까지 합해 7거리인 셈이다. 5거리도 아니고 6거리를 넘어 7거리라니, 갈림길의 절정이라 할 만하다. 신호등이라도 달아야 할 판으로 '묘광사앞 7거리'라 부르고 싶다(그림 14).

7거리 가운데 중심길은 깊숙이 파고들다 중간에 직각으로 한 번 꺾인 뒤 옆에서 올라온 삼선공원5길과 만나 서울성까지 이어진다. 삼선공원5길과 만나기 직전인 위쪽 끝부분에서는 '판잣집의 미학'이라 부를만한 조형성 높은 장면을 만날 수 있다. 지붕에서 뻗어나온

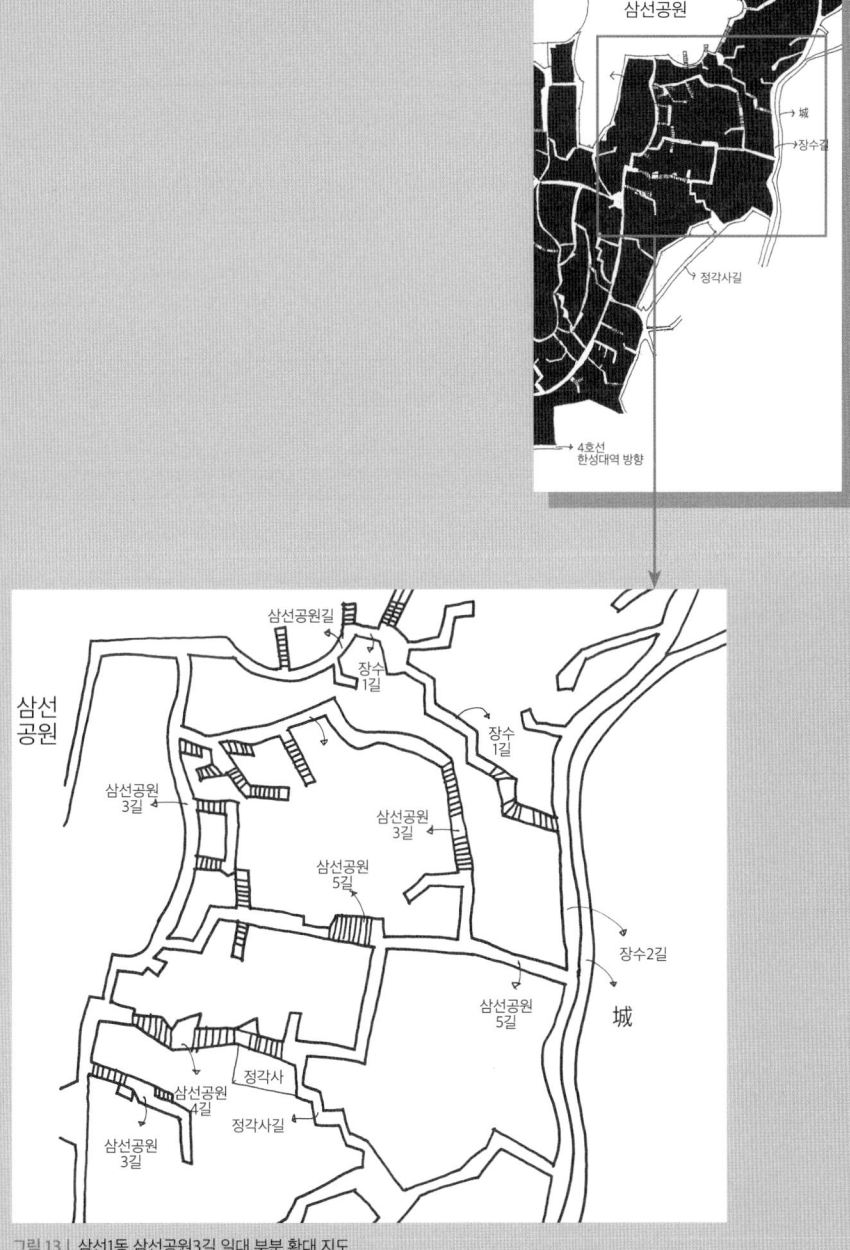

그림 13 | 삼선1동 삼선공원3길 일대 부분 확대 지도

차양이 대문 위까지 돌출했다. 플라스틱으로 만들어져서 햇빛을 받아 반투명한 노란색으로 빛나는 모습으로, 지저분한 것만 빼면 차양과 대문이 만나 잘 지은 하이테크 디테일이 연상된다. 차양 너머 저 아래로 동네 전경이 펼쳐진다. 언덕길 높은 지점에 위치한 산동네의 전형적인 풍경이다(그림 15).

중심길 오른쪽으로 계단길 셋이 삼지창처럼 갈라져나간다. 한 갈래는 묘광사로 올라가는 축대길인데, 묘광사는 회색 축대 위에 머리만 내민 채 담 속에 몸을 숨기고 있다. 축대와 담 모두 추상성 강한

그림 14 | 삼선1동 삼선공원3길. '묘광사앞7거리'는 사방으로 갈림길이 나 있다.

단순 매스로 처리되었다. 중간 갈래는 좁은 골목길을 따라 곧게 뻗다가 직각으로 꺾여서도 한참을 더 들어가서 끝난다. 이 갈래의 골목길은 묘광사 축대와 동일한 색조의 추상성 강한 분위기를 띤다. 마지막 갈래는 중심길과 같은 방향을 따라 축대길 형식으로 나 있다. 아래 7거리가 한눈에 들어오는 테라스 구조다.

장수길은 뼈대길의 적당한 폭을 유지하며 안정감을 준다. 맨 아래 큰길에서 정상부까지 긴 거리를 이어달리는 장수길은, 긴 거리를 따라 길가에 나 있는 다양한 창문들이 정수다. 세 짝이 세쌍둥이를 이루기도 하고, 두 짝이 흑백의 대조를 이루기도 한다(그림 16). 세 개의 대문이 마주 보며 모여 있기도 하고 두 개의 대문이 앞뒤로 거리를 두며 겹치기도 한다. 창과 문이 아무렇게 뚫린 듯하면서도 구성미가 뛰어나다.

그림 15 | 삼선1동 삼선공원3길. 흰 문기둥의 추상적 분위기와 반투명 차양은 만만치 않은 조형성을 보여준다.

장수3길은 정상부의 장수2길에서 갈라져 내려오는 길이다. 정상부 능선을 따라 길게 난 뼈대길을 따라 가짓길이 무려 열세 갈래나 뻗어나온다. 이 가운데 장수3길-장수8길의 여섯 갈래는 아래쪽 장수길까지 이어지는 독립된 길이고 나머지 일곱 갈래는 막다른 길이다. 장수3길은 철제난간이 중간을 가로지르며 윗동네와 아랫동네가 단층 지듯이 층을 이룬다(그림 17). 장수2길에서 등고선 방향으로 갈라져나오기 때문에 생긴 현상으로, 철제난간에 서서 위를 보면 윗동네 집이 전면을 드러낸다. 반대로 아래를 보면 아랫동네의 지붕까지 발아래 훤히 내려다보인다. 두 동네가 완전히 다른 층을 이루며 분리된 것이다. 경사지에 생겨나는 전형적인 테라스형 공간이다.

테라스형 공간은 전망이 좋다. 앞에 가리는 것 없이 탁 트였기 때문에 방에서도 스카이라운지 기분을 낼 수 있다. 옥상에 올라가면 더 말할 필요도 없다. 이런 공간은 옥상 활용도가 무척 높아, 옥상은 별도의 한 층으로 볼 수 있다. 게다가 그 쓰임새는 살아보지 않은 사람은 상상하기 힘들 정도로 다양하다. 옥상은 정원이요, 마당이요, 놀

그림 16 | 삼선1동 장수길. 다섯 개의 문이 절묘한 구성미를 이룬다.

이터요, 빨래 너는 곳이요, 장독대요, 화분대요, 헬스클럽이요, 창고요, 주점이요, 휴게실이요, 전망대요, 천문대다. 또 하나의 세계이다. 집 안 어느 방도 이렇게 다양하게 쓰이지 않는다.

장수4길에서 장수8길은 비슷한 분위기다. 장수길에서 장수2길로 오른다는 공통점 때문인데, 모두 전형적인 오름길들이다. 지형에 맞춰, 집을 따라 지그재그로 길이 나 있다. 계단은 쭉 뻗다가 꺾이고 좌우로 흔들다 갈라진다. 중간에 삼거리도 생기고 네거리도 생긴다. 수없이 많은 가짓길이 막다른 골목을 이루며 갈라진다(그림 18). 막다른 길은 정직하게 끝을 보이기도 하고 뚫린 것처럼 장난을 치기도 해서, 휜 길을 따라 뚫려 있으려니 들어가보면 막혀 있다 미로놀이를 하는 것 같다. 집은 담을 높이 쳐 몸통을 가리다가 윗도리를 다 드러내놓는다.

그림 17 | 삼선1동 장수3길. 철제난간은 면 중심의 조형성에 선형성을 더해준다.

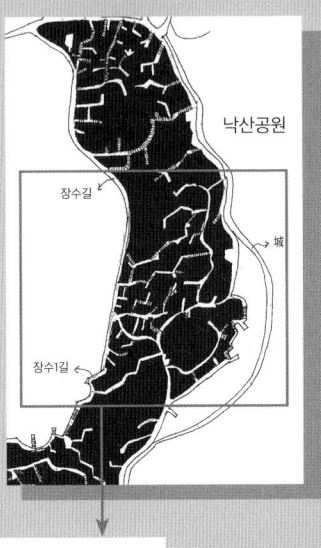
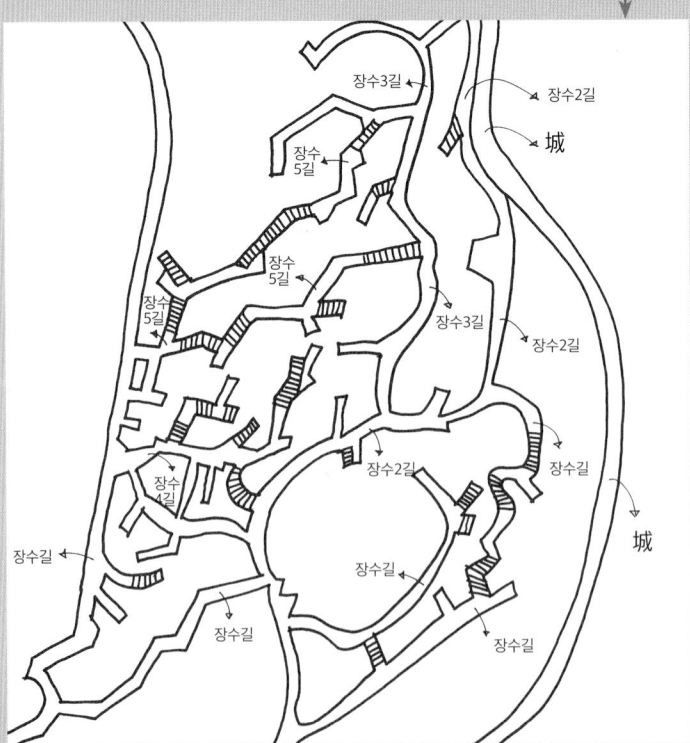

그림 18 | 삼선1동 장수3길-장수6길 일대 부분 확대 지도

회색 축대와 흰 회벽만으로 구성된 추상성 강한 매스들이 복잡한 꺾임길을 단순하게 정리해준다(그림 19).

장수4길의 깊숙한 곳에 공터를 겸한 네거리가 있다. 네 갈래 가운데 두 갈래는 뚫렸고 두 갈래는 막혔다. 장수5길은 중간에 집 사이를 통과하는데, 아무리 봐도 막힌 것 같지만 집을 거쳐 장수3길까지 질기게도 이어진다. 장수6길은 오름 형식이 다양하다. 가장 긴 거리를 오르기 때문인데, 아래쪽은 지그재그이고 중간쯤 갈림길이 나오며, 다시 복잡하게 이어지다가 마지막은 일직선으로 오른다. 장수7길은 다다풍의 색조가 압권으로 분명 오래되고 낡은 색이지만 뭔지 모를 처연함 같은 것이 느껴진다

그림 19 | 삼선1동 장수5길. 갈림길을 점하고 있는 축대와 흰 벽의 추상 매스는 골목길에서 빠질 수 없는 조형미를 보여준다.

(그림 20). 거친 인생을 살아온 강한 노인의 분위기다. 장수8길은 창 구성이 일품으로, 뽕뽕 뚫린 작은 창들이 옹기종기 모여 활달한 어울림을 만들어낸다. 공기놀이하는 돌맹이 알이 톡톡 튀는 느낌이다.

욱구길과 삼선공원길 사이 동네는 장수길 시리즈에 나타난 특징들이 총집합되어 있다. 두 길 사이에 나지막한 봉우리가 있는데 이 속을 다양하게 꾸며놓았다. 봉우리 속은 삼선공원1길과 삼선공원2길이 동네를 이룬다. 길의 종류부터 보면 갈림길, 꺾임길, 휜길 등 다양하며, 막다른 길 속에는 대문들이 마주 보며 모여 있다. 추상 매스가 간

삼선1동 43

결함을 드러내고, 대문들이 적극적으로 어울려 추상회화의 한 장면을 보는 것 같다(그림 21). 화분도 많고 옥상 활용도 눈에 띈다. 창의 구성분할에서 오는 조화미도 있으니 이만하면 골목길의 종합선물세트라 할 만하다.

삼선1동 사람들은 유난히 친절한 것 같았다. 사진에도 관심이 많아, 사진을 찍고 있으면 왜 찍느냐고 많이들 물어왔다. 경계심보다는

그림 20 | 삼선1동 장수7길. 빛바랜 회색의 주조에 때 묻은 붉은색이 섞여 다다 풍의 색조를 낸다.

웃으면서 호기심으로 물어오는 쪽에 가까웠다. 한성대4길의 계단에서 만난 아주머니는 왜 사진을 찍는지 다 아는 것 같은 밝은 미소로 말을 걸어왔다.

"이거 찍어서 어디 텔레비전에 나오는 거유?"

"아니에요. 그냥 개인이 찍는 거예요."

"뭐 하려구요?"

"그냥 골목길 연구하는 사람이에요."

"아~ 골목길…… 좋지요. 요즘 이런 거 누가 관심이나 갖나. 아무튼 수고하세요."

그러고는 장바구니를 들고 종종걸음으로 돌아선다.

그림 21 | 삼선1동 삼선공원2길. 계단과 벽, 담과 창이 어울려 3차원 회화성을 보여준다.

삼선1동에 숨은 장면들

삼선1동 삼선공원길 | 작지만 큰 지혜다. 자세히 보면 뒷간으로 들어가는 문이다. 시멘트블록으로 댓돌을 만들었는데, 높이가 모자라자 '세멘'을 조금 더 발라 높이를 맞추었다. 댓돌은 오른쪽으로 치우쳐 있다. 오른발이 댓돌을 딛고 왼발이 뒷간으로 들어갈 수 있게 하기 위해서다. 문이 열리는 방향과 바닥의 경사를 생각했을 때 최적의 해결책이다. 문 열리는 방향과 댓돌의 어긋난 위치가 만들어내는 이런 비대칭은, 비대칭이 대칭보다 더 예술적이라는 것을 보여준다.

삼선1동 장수길 | 모여 산다. 모이고 싶어한다. 모였다. 세 집이 모였다. 막다른 골목 풍경이다. 작은 공터를 만들고 대문 셋이 마주했다. 두 집만으로는 왠지 부족하고, 세 집이면 든든하다. 집을 비워도 누군가 한 집에는 사람이 있게 마련이다. 고스톱을 쳐도 셋은 모여야 흥이 나며, 싸우면 말릴 사람도 필요하다. 축구시합이라도 있는 날이면 얼마나 정겨울지 상상이 간다. 색조도 신경을 썼는지, 짙은 녹색과 옅은 옥색이 제법 잘 어울린다.

삼선1동 | 다시 문이 세 개다. 이번에는 일자다. 왼쪽 둘이 한 집이고 오른쪽 하나가 한 집이다. 모이고 싶어하고 결국 모였지만 자세히 보면 적당히 끊었다. 파란 대문으로 들어가는 계단 왼쪽에 떡 덩어리 같은 매스를 붙였다. 색이 다르고 높이며 크기가 다르니 율동감이 생겼다. 구성미의 압축감은 없지만 공과 사를 적절히 조합한 지혜가 느껴진다.

삼선1동 삼선공원2길 | 이번에는 넷이다. 그냥 지나쳐버리기 쉬운 평범한 장면 같지만 그렇지 않다. 자세히 보자. 문 넷이 '앞으로 나란히 하듯' 계단을 따라 일렬로 서 있다. 맨 앞의 것이 한 집이고 그 뒤의 세 개가 다시 한 집이다. 작은 문 두 개는 밖에서 진입하는 서비스 공간으로, 보일러실이나 창고 같다. 넷의 색, 크기, 디자인, 재료가 제각각이지만 흐트러지지는 않았다. 야비한 광택이 번쩍이는 알루미늄 문이지만 이렇게 어울리니 한국적 해학이 느껴진다.

삼선1동 삼선공원길 | 구성미의 극치다. 문 세 개면 충분하다. 더 필요 없다. 선 네 줄이면 충분하다. 더 그을 필요도 없다. 노란색 한 가지면 충분하다. 더 칠할 필요도 없다. 옆으로 길게 누운 창, 위로 곧게 선 문 그리고 큰 정사각형 창. 이 셋이면 충분하다. 4궤와 음양으로 우주만물의 온갖 인연을 풀어낸 주역의 지혜를 응용한 흔적이 읽힌다. 심각하지는 않다. 햇빛을 받아 그림자가 지니 장난기가 느껴진다. 인심 좋은 중년 아저씨의 친절한 주름을 보는 것 같다.

삼선1동 옥구3길 | 골목길 속 평범한 건물 같지만 그렇지 않다. 만만치 않은 조형성을 자랑한다. 매스는 적절한 단위로 분절되고, 그 드나듦도 율동적이다. 매스의 조형성과 창의 진공성이 잘 어울린다. 평평한 벽에 선을 잘 쓴 모습으로, 계단의 사선은 알맞은 긴장감을 유지한다. 대문을 지나 현관문을 열고 1층을 거쳐 2층으로 오른 뒤, 밖으로 나와 계단을 타고 옥상으로 오르는 동선의 흐름이 한눈에 파악된다. 2층의 작은 발코니에서 옥상으로 오르는 동선의 꺾임은 의외로 활기를 불어넣어준다. 이 모든 것은 현대 추상건축의 정수다. 이 건물은 뉴욕 파이브 건축과 무척이나 닮았는데 시기적으로 20년은 앞서는 것 같다.

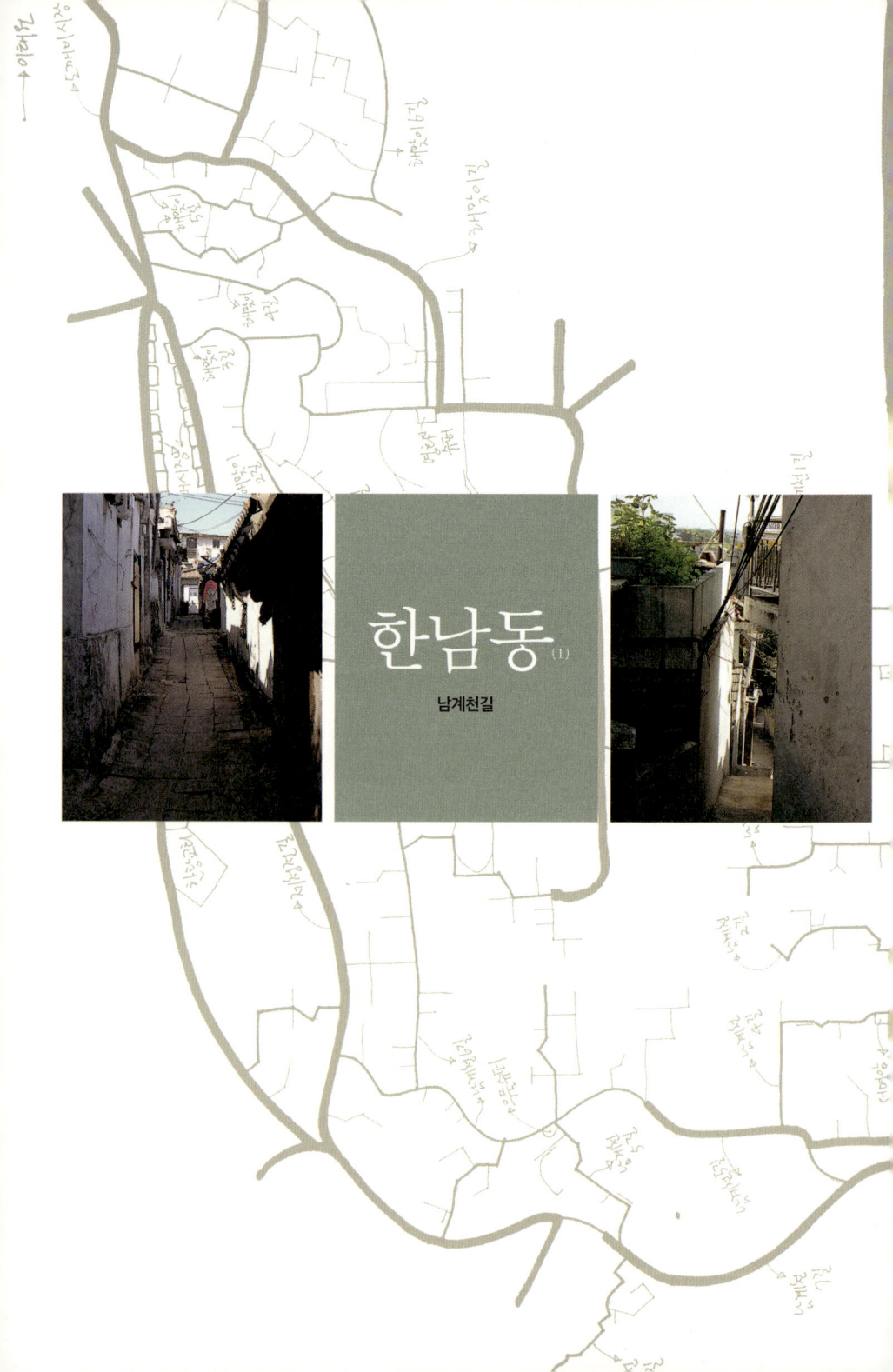

한남동 (1)

남계천길

한강과 남산 사이

한남대교와 보광동 사이에 봉우리가 볼록 솟은 모양인 한남동은 천혜의 입지조건을 갖추고 있다. 행정구역은 한남1동으로(그림 1), 아래로는 한강이 내려다보이고 저 멀리로 강남이 한눈에 들어온다. 테헤란로의 고층건물들이 아담한 소품처럼 보이는 동그란 봉우리는 마치 한강을 향해 배를 불쑥 내민 것 같은 형상이다. 한남대교를 타고 강북으로 진입하다 보면 왼쪽에 솟아 있는 마을의 모습이 한눈에 들어오는데(그림 2), 위치와 조건 면에서 부동산업자들이 군침을 흘릴 만하다.

한남동은 기분 좋은 동남향이다. 이 동네를 이루는 길 가운데 하나가 해맞이길인데, 예쁘게 잘 붙인 이름이다. 동쪽에서 올라오는 아침 해를 맞이한다는 뜻으로, 한남동 봉우리는 용산 일대에서 제일 동쪽일 뿐 아니라 높이 솟아 있기 때문에 예부터 이곳에 올라 해맞이를 했다고 한다. 그렇게 붙여진 '해맞이길'이란 이름은 듣기 좋을 뿐 아니라 방위의 특성까지 잘 살린 이름이다. 이 일대에서 가장 먼저 해를 맞는다 할 수 있으니 저 멀리 관악산까지도 눈에 들어와, 부러 찾아가볼 만하다.

남산이 한강을 향해 내려오다 이태원을 거쳐 한강 앞에서 마지막으로 한 번 쿨렁, 하며 볼록 솟은 이런 봉우리는 한강의 북쪽 변을 따라 길게 형성되어 있다. 이곳 한남동을 기준으로 서쪽이 보광동 언덕, 동쪽이 유엔빌리지 언덕이다. 더 동쪽으로는 옥수동과 금호동 일대의 봉우리 능선들이 한강을 따라 물결치듯 형성되어 있다. 남산은 한강 앞에 그 끝자락을 펼쳐놓는다. 이런 봉우리들은 강남 쪽 한강변에서 보았을 때 그 경치가 좋아, 한국 전통화에서 한강을 그릴 때 가장 많이 등장한다.

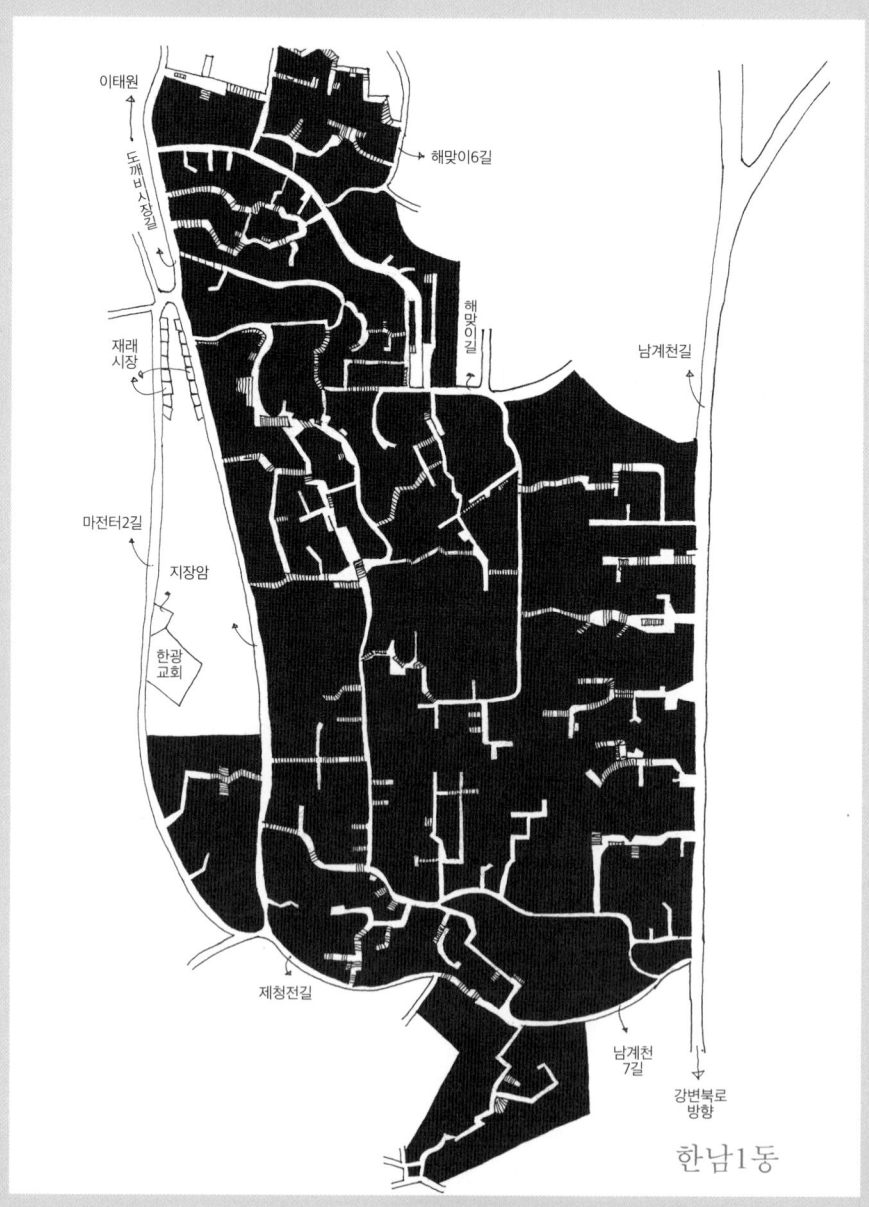

그림 1 | 한남동 전체 지도

이처럼 남산과 한강 사이에 낀 한남동은 한눈에 봐도 배산임수의 전형이다. 심리적으로 그리고 사람들의 인지지도 속에서 이 동네는 남산과 한강 모두와 강한 연관성을 맺고 있다. 지리적 맥락에서, 동네와 맞닿아 있지는 않지만 걸어서 갈 수 있는 데 한강이 있다. 강이 생활의 일부라는 의미다. 한남동을 이루는 주요 길인 남계천길도 옛날에 한강으로 흘러들던 계천의 이름이다. 이런 면은 남산도 마찬가지로, 한남동 바로 위쪽 동네가 이태원이고 여기서부터 남산 기슭이 시작된다. 매일 걸어다니기에는 좀 먼 거리지만 마음먹고 나들이라도 나서면 운동 한번 잘했다고 느낄 만한 거리다.

   가만 보면 한남동이라는 이름 자체가 한강과 남산의 준말이다. 한남동의 정체성은 한강과 남산을 떠나서는 생각할 수 없다는 말이다. 그렇다면 한강과 남산은 무엇인가. 서울을 결정하는 제1의 자연지형들이 아니던가. 한남동은 서울을 대표하는 자연지형들이 하나로 만나는 지점에 있다. 그만큼 서울의 또 다른 심장부라 할 만하다. 이런 중대한 의미에 합당할 만큼 훌륭한 골목길이 형성되어 있으니, 갈래갈래 뻗어나간 골목길들을 불량주택 집합소 정도로만 보아서는 안 된다. 공간 골격의 조형성이라는 또 다른 관점에서 보아야 한다는 말이다. 이런 관점에서 보면 한남동은 한강과 남산에 부끄럽지 않은 절묘한 골목길들을 품고 있다. 주민들은 큰 욕심 부리지 않고 남산을 병풍 삼아 한강을 풍경 삼아, 능선의 흐름에 맞춰 아늑하고 아기자기한 골목길들을 만들며 살아왔다.

   하지만 지금은 아쉽게도 동네 주변을 아파트들이 에워싸버렸다. 봉우리 자체는 아직 재개발의 열풍에서 벗어나 있지만 주변을 돌아가며 아파트들이 포위하여 시야를 가로막는다. 이 동네는 1980년대

그림 2 | 한남동 전경. 한남대교를 타고 북단으로 진입하면서 왼쪽으로 보이는 장면이다.

부터 꾸준히 다세대주택으로 개축한 집이 많아 지금은 70퍼센트 정도가 2~3층의 다세대주택이다. 이 사이사이에 아직도 1960~70년대 단층 서민주택이 남아 있다(그림2 중간 부분). 다세대 개축은 많이 일어났지만 골목길 골격을 많이 유지하고 있다는 점이 그나마 위안이 된다.

　오래된 동네라 그런지 한남동에는 점집이나 주택형 절 등이 사이사이에 박혀 있다. 대문에 걸린 연등이나 간판은 밝은 원색을 드러내며 골목길을 흥겹게 해주는 조형요소로 작용한다(그림 3). 별쌍장군, 선녀집, 월명암선녀, 지장암…… 듣기에도 재미있는 이름들이다. 물론 교회도 빠질 수 없다. 꼭대기 능선에 자리 잡은 서양 중세풍의 대형 교회를 중심으로 작은 교회들이 옹기종기 모여 있다. 점집과 절은 골목 속을 파고들고, 교회는 꼭대기를 타고 앉아 아래 동네를 굽어 내려다본다.

방사선 길과 동심원 길

한남동은 자그마한 동산 하나로 된 동네다. 네 면 가운데 뒤쪽 한 면만 이태원으로 이어지고 나머지 세 면은 모두 내리막 경사를 이루며 자유롭게 개방되어 있다. 동쪽 경계는 한남로에서 강변북로로 진입하는 조금 큰 이면도로인 남계천길, 서쪽 경계는 마전터2길과 도깨비시장길이다. 마전터2길과 도깨비시장길은 능선 정상부에 난 길들로, 그 너머에 보광동이 있고 한강이 내려다보인다. 다음으로 남쪽 경계는 너머에 강변북로가 뻗은 남계천7길이, 북쪽 경계는 해맞이길이 긋고 있는데 해맞이길을 경계로 오른쪽이 이태원으로 이어진다.

이런 경계들 사이에 한남동은 자기 혼자 볼록 솟아 있다. 아래에서 보면 잘생긴 뒤통수처럼 힘 있게 솟았지만 어머니 젖가슴처럼 포근한 분위기도 던져주며, 완만하고 매끄러운 곡선은 마음을 편하게 해준다.

그림 3 | 한남동 남계천1길. '별쌍장군'집의 장식물이 이채롭다.

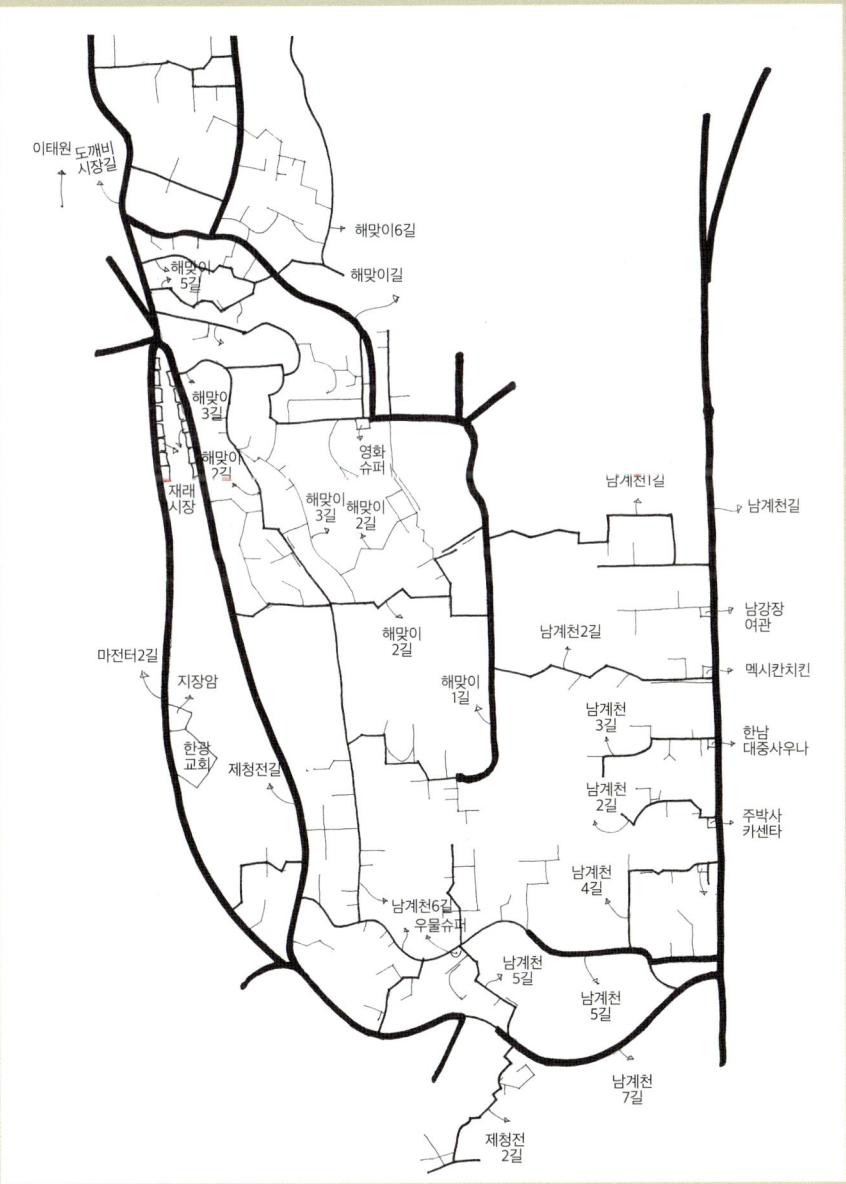

그림 4 | 한남동 길 얼개 지도

그림 5 | 한남동 제청전길. 동심원길은 넓고 안정되어 있다.

　자그마한 동산이라고 했지만 사실 한남동은 면적이 넓은 편이고 길도 복잡하다. 그래서 크게 두 지역으로 나눌 수 있는데, 한강에 가까운 남쪽 지역과 남산에 가까운 북쪽 지역이다. 남쪽 지역은 남계천길 시리즈가(그림 1과 4의 왼쪽 절반 정도), 북쪽 지역은 해맞이길 시리즈(그림 1과 4의 오른쪽 절반 정도)가 중심 길들로, 해맞이1길과 남계천6길이 두 지역을 이어주는 끈 역할을 한다. 해맞이1길은 남쪽으로 파고들며 남계천길 시리즈와 얽히고, 남계천6길은 북쪽으로 파고들며 해맞이길 시리즈와 얽힌다. 일종의 교차 얽힘이라 할 수 있다.

　두 지역의 분위기는 사뭇 다르다. 남쪽의 남계천길 지역부터 살펴보면, 우선 이 지역은 한강 앞에서 마지막으로 끝난다. 앞에 막힌 것이 없어 햇빛이 잘 들기 때문에 분위기가 밝고 활기차며, 경사가 제법 심한 편이라 테라스를 낸다거나 하는 식으로 경사를 이용한 공간

구도를 많이 찾아볼 수 있다. 또한 길도 비교적 명쾌하게 나 있는데, 길 속에 재미있는 장면들이 많이 숨어 있긴 하지만 동네 전체의 길 얼개는 복잡하지 않아 탁 트인 시야를 보장한다.

길도 이런 지형에 맞춰 방사선과 동심원 양방향으로 나 있다. 방사선 길은 꼭대기 정점을 기준으로 아래쪽으로 향하는 세로 방향의 내리막길이고, 동심원 길은 내리막 경사의 중간을 가로지르며 등고선과 평행히게 난 길이다. 방사선 방향과 동심원 방향의 두 길은 성격이 완전히 다르다. 등고선을 따라 가로로 뻗은 동심원 길은 경사가 없는 평지길 형태로, 능선 윗동네와 연결되는 차가 다닌다. 폭도 비교적 넓고 안정감이 있다(그림 5). 반면 방사선 길은 큰 뼈대를 중심으로, 경사지를 따라 가지를 뻗는다. 계단이 주요 교통 수단이기 때문에 차는 못 다닌다. 길도 좁고 경사가 급하며 긴장감이 높다(그림 6, 7).

방사선 방향의 길은 남계천길 시리즈가, 동심원 방향의 길은 해맞이1길, 제청전길, 마전터2길, 도깨비시장길이 각각 대표한다. 남계천6길과 해맞이1길은 두 방향 모두와 통한다. 일반적으로 방사선 길과 동심원 길은 서

그림 6 | 한남동 남계천5길. 좁은 골목을 지나 계단을 타고 오른 뒤 깊은 곳에서야 막다른 길은 끝난다.

그림 7 | 한남동 남계천2길. 막힌 것처럼 좁지만 통행이 많은 주요 길이다.

로 만나 격자구도를 이루는 것이 보통인데, 이 동네에서는 격자구도가 약하게 나타나 규칙성과 분산성을 동시에 느낄 수 있다(그림 4). 규칙성을 느끼는 시각으로 보면 두 방향의 길들은 비교적 직각으로 만나는 편이다. 높이 지우기 같은 비유클리드 기하학성도 없는 편이다.

분산성을 강조하려는 시각으로 보면 지형에 맞게 중간중간 끊기는 부분도 많고 꺾임도 많다. 오랜 시간에 걸쳐 형성된 동네라 더 그런데, 동네 전체가 하나의 봉우리로 볼록 솟아 있기 때문에 자칫 전체 길 얼개를 추측하려 들기 쉽다. 또한 대개 이런 지형을 보면 머릿속에 격자구도를 미리 가정하기도 쉽다. 그러나 의외의 길이 많으니 섣부른 추측은 금물이다. 분명히 뚫려 있을 것처럼 보이는데 들어가보면 막다른 골목이고, 사람 하나 겨우 다닐 만한 좁은 길인데 옆길과 너끈히 연결된다. 수수께끼를 하나하나 푸는 것 같다. 사이사이에 불규칙하게 뻗어나가는 길들도 있으니, 미로 아닌 미로다.

지금까지 살펴본 두 특징을 종합하면 남계천길 지역은 격자구도에서 일부만 열려 있고 나머지는 닫힌 구도다. 절묘한 쌍개념이다. 먼저 규칙성은 복잡한 골목길 동네에 최소한의 질서를 만들어준다. 차도 다녀야 하고 처음 오는 사람들이 길도 찾을 수 있어야 한다. 이런 면에서 규칙성은 열림을 의미한다. 반면 개별 가구는 귀납적 방식으로 자신들만의 아늑한 보금자리를 만들고 싶어한다. 연역적 열림에 모든 것을 내맡겼다가는 발가벗은 것처럼 정체성의 붕괴가 일어난다. 힘든 달동네 생활을 지탱해주는 힘 가운데 하나는 소시민적 침잠이라 할 때(그림 6), 분산성은 닫힘을 의미한다.

이곳 남계천길 지역은 방사선 길과 동심원 길에 따라 세 지역으로 나눌 수 있다. 첫 번째는 남계천길에서 방사선 방향으로 오르는 아홉

그림 8 | 한남동 남계천2길. 계단은 물결처럼 흘러내린다.

개의 가짓길로, 남계천1길~남계천7길이 주요 길들이다(그림 1, 4의 왼쪽 아래). 남계천길을 뼈대 삼아 일렬로 도열하듯 가지런히 가지들이 뻗어 나간다. 이런 남계천길을 따라 걷노라면 동네 속으로 들어가는 구멍들이 규칙적으로 뚫린 것을 확인할 수 있다. 하지만 골격의 규칙성과 달리 각 골목은 다양한 장면들을 속에 감추고 있다(그림 7, 8). 왼쪽의 남계천5길과 7길은 차가 다니는 길로 능선의 낮은 경사를 따라 올라간다. 그러나 제청전길과 마전터2길까지는 이어지지 못하고 우물슈퍼 앞에서 끊어진다. 우물슈퍼부터는 이름도 남계천6길로 바뀌며 차도 못 다니는 좁은 길이 된다. 남계천1길~남계천3길은 해오름1길까지 오르기도 하고 막다른 길로 끝나기도 한다.

두 번째는 남계천5길을 따라 양옆으로 갈라지는 가짓길 지역이다.

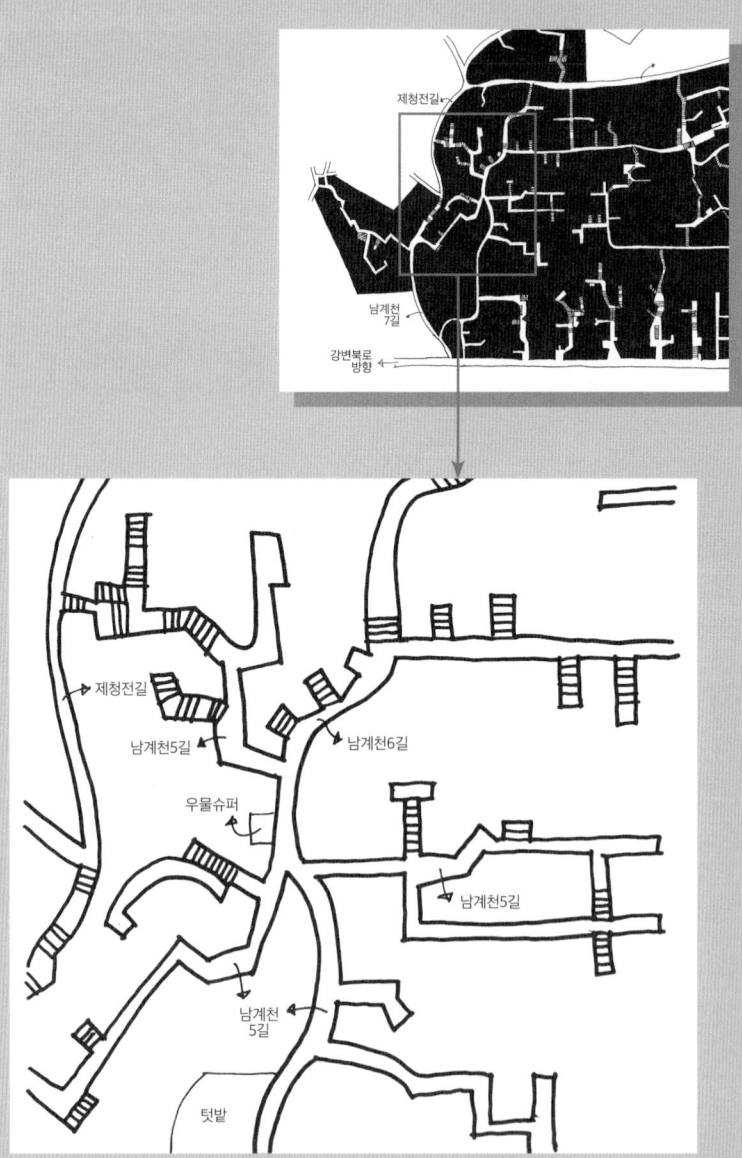

그림 9 | 한남동 남계천5길 일대 부분 확대 지도

모두 다섯 갈래로(그림 9), 중간쯤 오르다 텃밭을 지나 먼저 오른쪽으로 두 갈래가 뻗는다. 제일 먼저 갈라진 길은 깊숙이 파고들며 독특한 골목길을 만들어낸다. 일자로 뻗다가 속에서 ㄷ자형과 ㄴ자형 꺾임이 일어나는 형태다. 그다음 길은 막다른 길로 짧게 끝난다. 좀 더 올라가면 우물슈퍼 앞에서 세 갈래로 길이 뻗는데, 오른쪽으로 한 갈래, 왼쪽 아래로 한 갈래, 왼쪽 위로 한 갈래다.

우물슈퍼 앞은 약간 성긴 5거리를 이루는 중요한 분기점이자 동네 할머니들이 모여 담소하는 놀이터다. 말 그대로 옛날에 우물이 있었다고 해서 붙은 이름이다. 시골마을에서 느티나무 그늘이 하던 기능을 골목길에서는 슈퍼마켓이 대신한다. 어김없이 평상이 깔려 있고 담 쪽으로는 긴 의자도 놓여 있다. 소독차가 뿌연 소독약 연기를 뿌

그림 10 | 한남동 남계천5길. 우물슈퍼 앞은 동네 사람들이 모이는 느티나무 그늘 같은 곳이다.

리며 우물슈퍼 앞을 지나간다(그림 10). 이 골목 저 골목에서 아이들이 뛰어나와 소리를 지르며 소독차를 쫓아간다. 예나 지금이나 변함없는 장면이다.

오른쪽 갈림길은 남계천6길과 함께 이 지역을 대표하는 골목길이다. 쭉 뻗은 길을 따라 조금 들어가면 옆으로 긴 ㅁ자형 길이 나온다(그림 16). 깔끔한 모양은 아니다. 세 꼭짓점에는 막다른 길이 길게 늘어져 있다. 길은 끊일 듯 이어지다 결국 끊어진다(그림 11). 깊숙이 들어간 막다른 길은 끝까지 가서 정말로 끝났는지를 두 눈으로 확인해야 하는데, 이곳도 그런 곳이다. 왼쪽 위쪽 갈림길은 구불구불 진행하다 위에서 내려오는 제청전길과 만난다. 그 와중에도 중간에 세 번의 막다른 길을 가지 친다.

왼쪽 위로 난 갈림길은 테라스 모양으로 길게 뻗어나가다 역시 위에서 내려오는 제청전길과 다시 만난다. 갈라지는 초입에는 막다른 길이 한 번 더 갈라지는데, 이런 막다른 길은 한 번으로 끝나지 않는다. 높은

그림 11 | 남동 남계천5길. 끊길 듯 이어지다 결국 막다른 길이 저 멀리 보인다.

계단에서 한 번, 거기에서 깊이 휘어져 들어가서 또 한 번(그림 18). 제청전길과 만난 뒤에는 제청전2길로 이어져, 급한 박자에 춤추듯 흥겨운 몸짓으로 내려간다. 중간에 한 번 쉬어가는 긴 호흡을 깊숙한 막다른 길 한 갈래로 뻗어낸다.

세 번째는 해맞이1길과 남계천6길을 따라 형성된 동네다. 이 두 길은 기본적으로 동심원 길이다(그림 1과 4의 중간 부분). 맨 아래의 남계천길과 맨 위의 제청전길 사이의 넓은 경사지를 담당하는 핵심적인 동심원 길. 해맞이1길은 차가 다니는 큰길인 데 반해 남계천6길은 폭이 좁은 보행로다. 두 길은 방사선 길도 겸하고 있어, 해맞이1길은 동심원 방향을 가로지르다 끝에서 방사선 방향으로 꺾여 올라간다. 또한 남계천6길은 아래에서 남계천5길을 따라 방사선 방향으로 올라오다 동심원 방향으로 꺾인 뒤 긴 거리를 달려 해맞이2길로 이어진다.

해맞이1길은 남계천길에서 갈라져 올라오는 남계천길 시리즈 가운데 둘을 받아 연

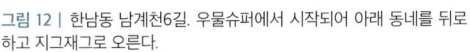
그림 12 | 한남동 남계천6길. 우물슈퍼에서 시작되어 아래 동네를 뒤로 하고 지그재그로 오른다.

결한다. 위쪽으로는 다시 길 두 갈래를 올려 보내는데, 이 길들은 해맞이길 시리즈 지역으로 들어가는 주요 관문이다. 해맞이1길은 비교적 큰 양옥집들을 거느리며 남쪽으로 계속 가다가 스스로 방사선 길로 변하여 위쪽의 남계천6길로 오른다. 오름은 쉽지 않다. 방사선 길로 꺾은 뒤에도 처음에는 평지를 가다가 막다른 길 네 갈래를 뻗어내고, 첫 번째 계단을 오르면서 다시 동심원 방향으로 꺾는다. 이후에는 계단을 한 번 오를 때마다 꺾음이 한 번이다. 그렇게 세 번 더, 총 네 번을 꺾은 뒤에야 비로소 남계천6길로 오른다. 여러 번의 오름과 꺾음이 힘들지만은 않다. 중간중간 막다른 길과 공터를 품고 쉬어 갈 틈을 낸다.

남계천6길은 남계천5길의 우물슈퍼를 지나면서 시작된다(그림 12). 남계천6길은 두 부분으로 나뉘는데, 한 부분은 남계천5길에서 이어지는 길이다. 방사선 방향으로 크게 굽이치며 제청전길까지 오르는 이 길에는 짧고 긴 막다른 길이 간간히 나온다. 다른 한 부분은 중간에 동심원 방향으로 꺾여 긴 거리를 일자로 뻗어나가는 길로, 한남동 전체를 대표할 만한 길이다. 전형적인 뼈대길-가짓길의 구성이다.

남계천길, 막다른 길, 의외성

남계천길 맨 아래부터 시작해보자. 봉우리 정상부로 올라가는 길이 방사선 방향으로 갈라지며 시작되는 지점이다. 이 길들은 '남계천'이라는 이름에 숫자를 붙여서 남계천2길, 남계천3길 하는 식으로 이름을 지었다. 남계천1길이 두 갈래, 2길이 세 갈래, 3길에서 5길까지 각 한 갈래, 다시 7길이 한 갈래다. 모두 아홉 갈래의 방사선 길이 꼭대기를 향해 첫걸음을 뗀다(그림 1과 4의 아래). 남계천5길과 7길은 찻길이다.

문제는 이 둘을 뺀 1길~4길까지의 일곱 갈래다. 꼭대기까지 오르는 길들이기 때문에 관건은 막혔느냐 뚫렸느냐인데, 일곱 갈래 가운데 뚫린 곳은 세 갈래뿐이다. 절반이 안 되는 확률이다. 운 좋으면 뚫린 길이고 여차하면 막힌 길이니, 꼭대기까지 무사히 올라가는 길 찾기라도 하면 질 확률이 더 높은 셈이다. 해답을 미리 말해버리면, 남계천1길 두 갈래 가운데 오른쪽 길, 남계천2길 세 갈래 가운데 중간 길 그리고 남계천4길만 뚫려 있고 나머지는 모두 막다른 길이다. 제비

그림 13 | 한남동 남계천1길. 계단, 담, 둥근 몸통이 기하학적 어울림을 만들어낸다.

뽑기를 하면 딱 좋을 분포다. 다행이라면, 막다른 길은 비교적 초입에 막혀 있기 때문에 멀리 돌아 나오는 수고를 피할 수 있다.

더 재미있는 건 막힌 네 갈래 길이 입구만 봐서는 넓고 곧게 잘생긴 길이라는 점이다. 꼭대기까지 거뜬히 올라갈 수 있을 것처럼 보이지만 금세 막다른 길과 맞닥뜨리고 만다. 이 동네 사람이 아니고 초행길인 사람은 한 번쯤 돌아나오기 십상이다. 반대로 남계천1길과 2길의 뚫린 길 두 갈래는 밖에서 보기에 꼭 막혀 있을 것 같다. 이번

그림 14 | 한남동 남계천2길. 본선에서 가지 친 갈림길이 집으로 오르고 집 앞에는 포켓 공간이 만들어져 있다.

에도 막혀 있을까 봐 한 걸음 한 걸음 들어가본다. 고개를 빼고 앞을 열심히 훔쳐본다. 여차하면 돌아 나올 심산으로 조심조심 걸음을 옮겨본다. 어라, 길은 끊이지 않고 실타래 풀리듯 이어진다. 아슬아슬 조바심을 내다 이윽고 안심한다. 그러다가 길이 갑자기 좁아지면 다시 긴장한다. 길은 친절하게 계속 이어진다. 절묘하게 숨통이 트여 있다(그림 7). 기막힌 반전이다. 막힘과 뚫림 사이에 형성된 의외성이라니!

입구 쪽 구멍 찾기에서 느낀 의외성은 속으로 들어가면서 다양성으로 발전한다. 각 갈림길은 속에 자기만의 특성을 품고 있다. 남계천1길은 점 골목으로, 막다른 길인 한 갈래는 별쌍장군에서 시작해 선녀집에서 끝난다. 다른 갈래는 강남유치원을 지나 좁고 구불거리는 계단을 따라 해맞이1길로 오른다(그림 13). 남계천2길은 뚫린 길이 재미있는데, 계단과 대문이 길에 삐딱하게 비껴 앉은 집 둘이 연달아 나온다. 길의 독립성과 연계성이라는 두 가지 입장을 모두 가질 수 있는 위치다. 진입로에 작은 포켓 공간까지 갖추었고 집 앞에는 공터도 있다(그림 14). 두 번째 집의 공터를 지나면 좁고 구불거리는 계단이 본격적으로 시작된다.

남계천3길은 막힌 길이지만 변화가 심하다. 계속 갈라지며 파고들다 결국 막힘으로 끝나고 만다. 변화가 막혔음을 감추기 위한 트릭인지 지형에 맞춘 자연스러움인지 쉽게 구별이 가지 않는다. 입구를 지나면 왼쪽에 첫 번째 갈림길이 나오는데, 끝에서 한 번 더 갈라진 뒤 막히면서 끝난다. 두 번째 갈림길은 오른쪽으로 계단을 타고 휘어져 올라가는데, 뚫렸으리란 착각을 하지만 보기 좋게 막혀 있다. 돌아 나와 본선을 타고 오르면 다시 왼쪽으로 갈림길이 나오고, 이번에는 쉽게 막다른 길임을 알 수 있다. 이쯤 오면 본선도 저 끝 계단 위쪽 록대문에서 막힌 것이 보인다.

남계천3길은 전체적으로 추상적인 분위기가 지배한다. 길 골격의 변화가 심한 데 비해 선물은 많이 절제되었다. 두 번째 갈림길 어귀가 특히 그러하다. 이런 추상성은 남계천1길의 구상성과 대비된다. 남계천1길의 별쌍장군은 경쾌한 무당집 분위기다(그림 3). 선녀집은 다소 조용하지만 강남유치원은 파랑과 노랑의 강한 원색으로 꾸며졌다(그림 13).

남계천길 시리즈의 다양성은 갈림길 모퉁이의 이정표들에서도 드러난다. 각 길로 들어가는 모퉁이 가게들을 보면, 남계천1길 입구에는 별쌍장군이, 첫 번째 남계천2길에는 남강장 여관, 두 번째 남계천2길에 멕시칸 치킨과 영신상회가, 남계천3길에는 우주 부동산과 한남 대중사우나가 있다. 마지막 남계천2길에는 한남 뉴타운 공인중개사와 주박사 카센타가, 남계천4길에는 리젠트 부동산과 월명암 선녀가, 남계천 5길에는 양지슈퍼와 시티헤어가 있다. 부동산이 좀 많은 것과 지나가는 손님을 위한 여관이 있는 걸 제외하면 나머지는 중산층의 일상생활을 지원하는 가게가 주를 이룬다. 아래쪽 큰 찻길에서 갈라지는 어귀치고는 아직 소규모 재래식 가게들이 남아 있는 편이다.

햇빛, 바람, 남계천5길 할머니

남계천5길을 따라 올라가다 보면 중간에 큰 텃밭이 나온다. 호박, 파, 깻잎, 고추, 상추 같은 푸성귀를 키우는데, 햇빛 좋고 바람 좋은 남향이니 푸성귀 기르기에 아주 제격이다. 서울 시내에 아직도 이런 곳이 있다니 신기할 따름이다. 면적도 꽤 넓을 뿐 아니라 손질을 잘해서인지 땅도 기름져 보인다. 뒤로는 달동네가 병풍처럼 펼쳐지고 아래로는 저 멀리 테헤란로의 고층건물들이 보이니 참으로 묘한 대조다. 햇빛이 키우고 바람이 맛을 내니 푸성귀도 제법 먹을 만해 보인다.

그림 15 | 한남동 남계천5길. 텃밭에서 푸성귀를 보살피고 있는 할머니 두 분을 만났다.

텃밭에서 할머니 두 분을 만났다(그림 15). 오늘 쓸 찬거리를 캐러 나오셨다는데, 한 분은 괄괄하시다. 호박이 이제야 싹을 틔웠으니 어디다 쓰냐며 투덜대신다. 재미있는 풍물 사진이다 싶어 밭에서 상추 따는 할머니 쪽으로 초점을 맞추었다. 그러자 대뜸 왜 자기를 찍느냐며 호통이시다. 다른 할머니 한 분은 곱상하니 얌전하시다. 호통을 치는 할머니를 옆에서 열심히 달래신다. 혹시 내가 맘이라도 상할까 연신 나를 쳐다보시며 상냥한 미소도 잃지 않으신다. 괄괄한 할머니는 순한 할머니가 좋으신 게고 순한 할머니는 괄괄한 할머니가 좋으신 게다. 한 동네에서 오랜 세월을 둘도 없는 단짝친구처럼 보내는 듯, 두 할머니가 기분 좋은 햇살을 받으며 사이좋게 상추와 호박을 따는 모습이 참으로 정겹기 그지없다. 땅만이 줄 수 있는 소중한 선물이다. 머리가 아닌 가슴으로 기억하고 싶은 이 모습을, 마음속에 오래오래 담아두고 싶다.

다음 날 다시 가보았을 때, 바람과 햇빛은 어제와 다름없이 좋았다. 하늘과 구름도 여전히 맑고 높았다. 어제 그 할머니를 또 만났는데, 이번에는 5거리 우물슈퍼 앞 평상에서다. 오늘은 할머니와 친해져, 웃으면서 얘기도 나누었다. 어제 찍은 텃밭 사진을 보여달라신다. 슬라이드를 한 장 드렸더니 멋지긴 한데 너무 작아서 가물거린다고 하셨다.

할머니는 오늘도 사람들에게 열심히 말을 건네신다. 아래쪽에서 올라오는 동네 사람들을 대부분 알아보고 한마디씩 건네신다. 골목 어귀에서 인원점검이라도 하시는 것 같다. 좋게 보면 동네 분위기 메이커고 좀 무섭게 보면 군기반장이다. 그래도 할머니의 말 건네는 목소리가 구수하다. 대화가 단절된 채 살아가는 요즘 같아선 반가운 활력임이 틀림없다.

골목을 돌아다니다 할머니를 또 만났다. 공교롭게도 그 할머니네 대문을 찍다가 맞닥뜨렸으니 호통이 떨어지는 건 당연하다.

"꼬물 집을 찍어 뭐 할라꼬 그래!"

"이놈의 고물 동네 왜 아파트는 안 짓는지 원……."

이 동네는 최근에 재개발 심사에서 떨어졌다. 할머니는 신식 아파트가 좋으신가 보다. 아파트로 바뀌면 텃밭에서 호박도 못 캐 드실 텐데……. 이번에도 친절한 할머니가 낯선 손님을 배려한다. 나라에서 빈집 조사 나온 사람이라며 괄괄한 할머니를 달랜다. 괄괄한 할머니는 아마도 아파트로 재개발되기를 고대하시고 계신 모양으로, 친절한 할머니는 재개발 얘기가 괄괄한 할머니 달래는 사탕이라는 걸

그림 16 | 한남동 남계천5길. 'Y'자형 갈림길이다. 꼭짓점에는 추상성 강한 매스가 수문장 역할을 겸한다.

알고 계신 게 틀림없다.

  이런, 우물슈퍼에서 괄괄한 할머니를 또 만났다. 네 번째다. 소독차가 뿜은 뿌연 소독약 한가운데서 동네 할머니 여럿과 담소 중이시다(그림 10). 씩 웃었더니 고물 동네 사진을 왜 찍는지 모르겠다는 호통이 여전히 돌아오고, 새집이나 지었으면 좋겠다고 투덜대시는 소리가 뒤따른다. 아파트 지으면 동네 할머니들은 뿔뿔이 흩어질 텐데 말이다. 슈퍼마켓 앞 평상도 없어지고 지금처럼 여러 번 들락거리시며 놀지도 못하실 텐데…….

  남계천5길은 중심에서 갈라져 들어간 가짓길 속에 다양한 장면들을 감추고 있다. 최소한 다섯 속이 있다. 한쪽에선 추상 골격을 바탕으로 회화성 짙은 풍물 장면이 펼쳐진다(그림 16). 집의 몸통이 기하 중첩

그림 17 | 한남동 남계천5길. 담, 대문 차양, 옥상 난간, 박공 등이 기하학적 형태를 이룬다.

을 만들어낸다. 추상 매스를 캔버스 삼아 빨래가 그림을 그린다(그림 17). 창은 구성미를 더해준다. 큰 창 한두 개가 이렇게 감미로울 수도 있다. 다른 한 곳에서는 갈림길을 따라 테라스가 만들어지고 옥상이 어울린다. 다른 한 곳은 오름 가짓길이, 다른 한 곳은 휜 테라스와 깊은 오름 가짓길이 어우러진다(그림 18). 다른 한 곳은 지그재그 오름길이다.

그림 18 | 한남동 남계천5길. 막다른 길이 속에서 한 번 더 갈린다.(왼쪽)
그림 19 | 한남동 남계천6길. 뼈대길에서 내리막 방향으로 갈라지는 가짓길이다.(오른쪽)

하늘, 구름, 남계천6길

남계천6길은 동심원 방향의 긴 뼈대길이 최고다. 전체적인 분위기부터 보면, 경사지의 동심원 길답게 안정적이다. 안정적인 분위기는 남계천6길로 오르는 방사선 방향의 해맞이1길과 비교하면 확실히 다르다. 방사선 방향의 길은 다소 급하게 오른다. 폭은 좁고 꺾임은 급하고 계단은 숨차다. 사람을 위로 끌어올리기에 적합한 공간적 특성이다. 반대로 동심원 방향의 길은 동일한 고도를 유지하면서 가로로 나 있기 때문에 안정감이 있다. 한참을 정신없이 오르다 동심원 방향의 길을 만나면 사막에서 오아시스를 만난 듯 '휴~' 하고 한숨 돌리며 팍팍한 다리를 쉰다. 방사선 방향의 길을 오르며 고조된 긴장을 풀어주는 이완의 길이라 하겠다.

방사선 방향과 동심원 방향의 두 길이 만나는 곳은 네거리가 되기 때문에 좌우로 두리번거리거나 올라온 길을 되돌아볼 수 있는 여유도 생긴다. 동심원 방향의 길은 대개 차가 다니는 넓은 길이라 시야도 넓게 트여서 동네 전경을 파악할 수 있다. 즉 테라스 구조다. '내가 사는 동네가 이렇게 생겼구나'라고 감탄할 수도 있고 아랫동네의 경치를 내려다보며 즐길 수도 있다.

남계천6길은 이런 동심원 길의 대표적인 예다. 방사선 길에서 갈라져 여덟 갈래 길을 낳으며 똑바로 달려 해맞이2길과 합쳐진다. 뼈대길은 곧고 단순하다. 이 길을 중심으로 제청전길로 오르는 긴 일자 가짓길 하나, 해맞이1길로 내려가는 꺾임 가짓길 하나, 두 갈래 막다른 길, 네 갈래 짧은 막다른 길이 양옆으로 갈라진다(그림 19). 동심원 길로서 제 몫을 단단히 했다. 해맞이2길과 만나면서 광장이 생기고 분기(分岐)가 일어나며 복잡해진다.

그림 20 | 한남동 남계천6길. 밝고 전망 좋은 테라스 공간이다.

이 길은 남쪽 남계천길 지역의 밝은 분위기를 대표한다(그림 20). 높이 차이에 따른 테라스형 공간으로, 이곳에 서면 막히는 것 없이 시야가 탁 트인다. 아랫동네의 지붕이 보이고 그 너머로 한강과 강남 경치가 기분 좋게 펼쳐진다. 양적(陽的)이고 활기에 찬 동네다. 하늘과 가깝게 느껴지고 한강이 내려다보이는 위치에 남향이기까지 하니 옥상으로 활용되기에는 금상첨화인 지형이다. 지붕이 열리고 망루가 서며, 창은 인색하지 않고 이 집 저 집에서 경치를 담기에 바쁘다. 정면은 떳떳하고 시선은 분명하니, 한강은 또렷해지고 거리는 척도를 무시한다. 눈에 보이는 것이 전부 내 것이요, 마음에 담을 수 있을 만큼 담으면 그것 또한 내 것이다.

하루 종일 햇빛이 들다 보니 햇빛이 주는 변화를 즐기기에 적당하다. 날씨와 시간, 계절에 따라 다양하게 변하는 햇빛의 신기한 요술을 그대로 맞을 수 있는 동네. 흐린 날에는 낮은 하늘을 직접 짊어진 듯, 동네는 하늘 무게에 눌려 차분히 가라앉는다. 구름은 아버지 코트처럼 웅장하며 구름은 가깝고 명암은 짙다. 맑은 날에는 온 동네가 날아오를 듯 밝고 활기에 넘친다. 하늘은 펄럭이고, 날개처럼 가벼운 구름은 어머니 웃음 같은 베이지색이다.

동남쪽에서 볕이 드는 오전에는 집들의 전면이 해바라기처럼 활짝 핀다. 붉은 집, 파란 집, 노란 집, 흰 집 모두 볕색이 드러난다. 볕은 골고루 퍼지고, 동네는 온통 금빛과 은빛 범벅이다. 오후를 넘기면서 볕이 뒤쪽에서 드리우면 집들은 신중해지고 본색이 짙어진다. 그러다가 오후가 깊어지면 땅거미를 뒤집어쓰고 심각해진다. 붉은 집은 다다적이고 파란 집은 무거우며 노란 집의 속살은 처연하다. 흰 집은 껍질을 벗겨 상처를 만든다. 흐린 날이건, 맑은 날이건, 여름날이건, 겨울날이건 하루면 족하다. 아침부터 저녁까지 이르는 몇 시간 동안, 인생만큼 다양한 빛과 색의 변화를 경험할 수 있는 곳이 남계천6길이다.

한남동에 숨은 장면들(1)

한남동 남계천6길 | 큰 문은 화장실이고 작은 문은 창고다. 둘의 구성적 어울림이 뛰어나다. 큰 문과 작은 문의 나란한 모습이 친자(親子)의 정을 보는 것 같다. 부모가 자식을 데리고 있는 듯한 이런 모습은 우리 전통건축의 창 처리에서 자주 관찰된다. 시골을 떠나 서울에 와서도 과거의 기억을 그대로 옮겨놓았다. 칠이 벗겨지고 그 위에 세월의 때가 앉아 만들어내는 다다적 처연함도 또 다른 멋이다.

한남동 남계천5길 | 빨래는 가족살이의 정이 담긴 소품이다. 남편을 향한 아내의 사랑은 속옷을 정성스레 빠는 손길에서 우러난다. 아침 일찍 일터로 흩어진 식구들을 하루 종일 같이 어울릴 수 있게 해주는 역할도 빨래가 한다. 매일 늦게 들어오는 아빠도 아실까. 아빠의 와이셔츠와 딸내미의 바지가 하루 종일 손을 맞잡고 따뜻하게 해바라기를 함께했다는 사실을. 어젯밤 엄마와 말다툼하시고 아침에 서먹해서 나가셨지만 엄마가 아빠 빨래를 널며 속으로 아빠 생각을 했다는 것을.

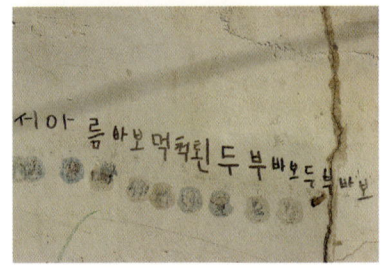

한남동 남계천5길 | 낙서는 빠질 수 없는 생활의 흔적이다. 그대로 읽어보자. '서 아 름 바 보 먹 척 튄 두 부 바 보 두 부 바 보'. 골목길 낙서의 1위는 아무래도 '누구누구 바보'가 아닐까. 이 낙서의 주인은 두부의 물컹함을 바보의 특징으로 봤나 보다. 낙서는 왜 욕을 써도 친숙할까? 아마 진짜 미운 마음에 쓰는 욕이 아니기 때문일 것이다. 온 동네 골목길이 놀이터인 공간적 특성도 한 몫하는 건 물론이고. 내 집 담에 동네 아이들의 손길이 닿는 건 즐거운 경험이다.

한남동 제청전2길 | 왼쪽의 본선은 그대로 가고 오른쪽의 지선은 밑으로 내려가 파고든다. 골목길 특유의 아늑한 공간 구조다. 사람으로 치면 모세혈관이나 말초신경에 해당되는 마지막 막다른 길이다. 막다른 길이 내리막에다 꺾이기까지 했으니 아늑함의 효과는 최고로, 어머니 품에 파고드는 유년시절의 심정으로 돌아간다. 힘든 소시민의 도시생활을 지탱해주는 심리적 버팀목이요 물리적 안식처인 막다른 길. 어머니 품 하나면 더 바랄 것이 없던 가장 원초적 어리광을 살아남게 해주는 공간 구조가 아닐까.

한남동 남계천5길 | 해 넘어갈 때의 감상(感想)이다. 석양빛은 침착함을 준다. 마음은 겸손해지고 하루를 감사히 접을 준비를 한다. 석양빛을 받으면 소음은 잦아들고 골목은 적막해진다. '뉘엿뉘엿'의 여유가 지배하는 시간이다. 담 너머 앞동네 집들도 저녁인사를 건넨다. 흰 면 단위의 추상적 분위기는 마음에 공허를 만들어 석양의 감상을 증폭한다.

한남동 남계천5길 | 골목길에서 가끔 만날 수 있는 장면이다. 단정함을 갖춘 축대가 희고 간결한 매스를 받치고 있다. 매스는 작은 단위로 분절된다. 골목길은 지저분하지만은 않다. 골목길은 척도, 조형, 물리적 골격 등의 관점에서 볼 때 의외로 추상 처리에 적합한 조건을 갖추고 있다. 이 장면은 이를테면 네오 로스 풍의 네오 모더니즘 경향과 매우 흡사하다.

한남동 (2)
해맞이길

해맞이길, 무형식, 공터

북쪽의 해맞이길 지역은 남쪽의 남계천길 지역과 반대되는 분위기다. 남산에서 흘러내려오는 산세가 동서 방향을 축으로 틀어앉은 형세로(그림 1, 2), 햇빛은 아침에 동쪽에서 잠깐 들다 만다. 경사는 여전히 급한데 시야는 막혀 있어, 햇빛이 귀하고 영구음영이 생기는 등 전체적으로 어두운 분위기다. 햇빛이 그립고 하늘은 먼, 다분히 음적인 공간이지만 그 대신 침착하게 안정되어 있다. 차분하고 침잠하기에 좋은 이 지역에서는, 남쪽 지역에서 지켜지던 방사선-동심원 방향의 길 구도도 완전히 깨진다. 방사선-동심원 두 방향의 길을 겸하는 식인데, 동심원 길이다가 방향을 틀어 방사선 길도 되는 1인 2역의 길들이 뻗어 있다. 물론 이것은 지나치게 인위적인 분석일 수 있다. 길은 동심원과 방사선을 굳이 구별할 필요 없이 자연스럽게 제 갈 길을 가며 만들어질 뿐이다. 땅이 그렇게 생겨서 지형에 맞추었을 뿐이라는 소리다.

해맞이길 지역 전체의 길 얼개는 제청전길과 도깨비시장길을 뼈대 삼아 일곱 갈래의 가짓길이 아래로 뻗어 내려간다. 북쪽으로는 해맞이길이, 동쪽으로는 해맞이1길이 동네를 에워싸고 있다. 해맞이길과 해맞이1길에서 아홉 갈래의 길이 안으로 들어가, 위에서 내려오는 일곱 갈래와 만난다. 가지치기부터 그렇듯 만남은 전혀 격식이 없다. 열여섯 갈래 모두가 제각각이다. 비스듬히, 꼿꼿이, 둥글게, 네모나게, 세모지게, 원만하게, 모나게, 완만하게, 급하게, 종종걸음으로, 느긋하게, 속보로, 완보로, 애써 수고스럽게, 짐짓 편하게, 관대한 듯, 인색한 듯, 넓게, 좁게…… 무형식의 극치다. 길 생김에 들어맞는 형용사가 이렇게 많다는 것도 놀랄 일이지만, 웬만한 형용사를 갖다붙

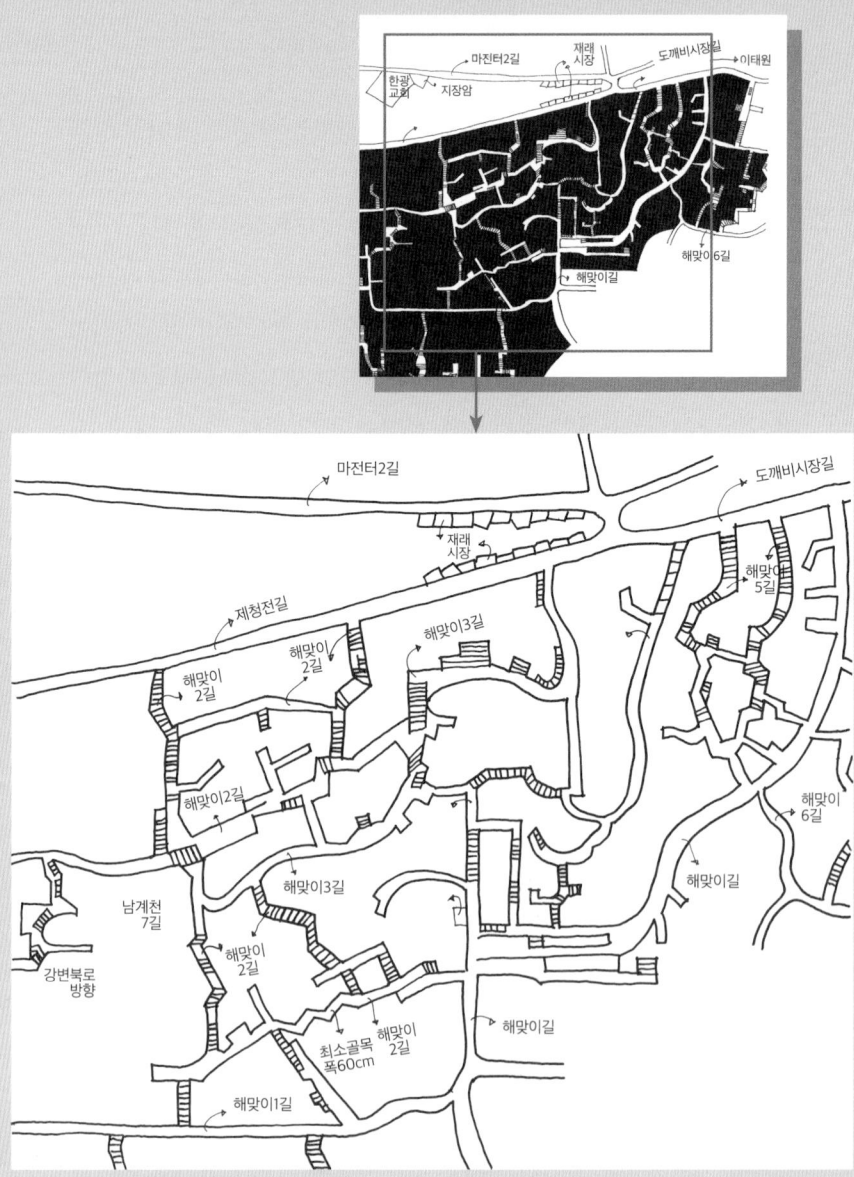

그림 1 | 한남동 해맞이길 일대 부분 확대 지도

그림 2 | 한남동 해맞이길 일대 전경. 이태원에서 한남1동 남계천길 일대로 가는 중간 지역이다.

이면 신기하게도 모두 말이 되는 것이 더 놀랍다. 이놈의 길들은 아무래도 사람 흉내를 내는 것 같다. 굴곡진 인생살이를 박아놓은 양, 이렇게 무형식인데도 길은 서고 동네는 거뜬하다. 모두 제멋대로지만 그래도 만나서 인연을 만들고 질서를 세워 세상이 돌아가는 것이 인생의 이치 아닌가.

 제청전길과 도깨비시장길은 능선 정상부에 있기 때문에 여기에서 갈라져 나오는 길들은 거꾸로 아래쪽에서 보자면 마지막 오름을 담당하는 길들이다. 그만큼 오름이 급해, 계단이 주요 골격을 이룬다. 계단이 만들어내는 공간적 특징이 두드러지는 건 삼선1동과 같다. 물론 차이도 있다. 삼선1동은 계단 자체의 형식이 다양한 반면 해맞이길 지역에서는 계단을 담는 골목길의 골격이 다양하다(그림 3). 쭉 뻗은 길, 둔각으로 휜 길, 곡선으로 휜 길, 원으로 휜 길, 직각으로 꺾인 길, 예각으로 꺾인 길, 휘어 돌다 뻗어나가는 길, 뱀처럼 구불구불한 길, 지그재그길, ㄷ자형 길, ㅁ자형 길……. 다양성은 곡선 모양의 길이 많은 데서도 알 수 있다. 이 지역은 남계천길 지역이나 다른 동네에 비해 곡선 길이 많아, 지도를 놓고 보면 팝아티스트 키스 해링의 그림을 보는 것 같다.

공터가 많은 것도 이 지역만의 중요한 특징이다. 길이 복잡하니 당연하다. 복잡할수록 쉼표를 둬야 하는 게 인생의 이치인 법, 이를 잘 지켰다. 공터는 골목 안 깊숙한 동네 전체에 퍼져 있다. 해맞이길 시리즈는 각자 공터를 하나씩 갖는데 해맞이2길과 해맞이3길, 4길과 5길이 모두 그러하다. 공터는 작은 광장 형식을 띠기도 하고 길 중간이 넓어진 형식을 띠기도 한다. 푸성귀를 심어 키우거나 어린아이들이 뛰어노는 등 적극적으로 사용되기도 하고, 집 앞과 좁은 길의 숨통을 틔우거나 물건을 내어놓는 장소처럼 소극적으로 사용되기도 한다(그림 4). 소극적 공터는 길의 골격이 다양해지는 양상을 보인다. 길 너비가 한결같지 않은 것

그림 3 | 한남동 해맞이6길. 골목길의 꺾임이 율동적이다.

이 골목길의 일반적인 특징인데 소극적 공터는 여기서 더 나아간 경우다. 그러고 보니 공터가 있어서 그나마 햇빛을 조금이라도 더 많이 받을 수 있다. 공터가 생긴 가장 중요한 목적은 햇빛이 잘 안 드는 상황을 만회하기 위한 것일 수 있다. 공터 덕에 햇빛을 끌어들여 동네는 밝아진다.

해맞이길 지역은 이처럼 길이 다양하다. 햇빛이 잘 안 드는 불리

그림 4 | 한남동 해맞이5길. 계단길이 만나는 지점에 공터가 만들어졌다.

한 조건을 오히려 잘 활용하여 조형적으로 우수한 공간을 만들었다. 이런 것이 서민의 지혜 아닐까. 주변과 대립하지 않고 자신을 주변에 맞추려는 높은 적응력의 선물이라고 할 수 있다. 이런 다양한 길은 알게 모르게 즐거움을 준다. 즐거운 골목길은 사람을 밖으로 끌어내는 힘을 발휘한다. 해가 안 들어 어두운 동네라 사람들이 자칫 집 안에만 틀어박혀 있기 쉬운데 이것을 만회할 수 있는 절묘한 장치로서, 골목길은 가라앉을 수 있는 동네 분위기를 한껏 끌어올린다. 거기에 공터까지 생겨 햇빛을 더 받을 수 있으니 뭘 더 바라랴.

해를 그리워하는 분위기는 해맞이길이라는 이름에도 잘 드러난다. 사실 해맞이길은 일부분을 제외하고는 해가 잘 안 든다. 주로 동향이라 아침에 떠오르는 해를 맞이하기 때문에 해맞이길이라 지은 이름이 완전히 잘못된 것은 아니다. 그러나 아침해도 잠시, 이내 그늘이 드리운다(그림 5). 골목이 좁고 높아서 더 그렇다. 해가 정작 필요한 늦가을-겨울-초봄 때는 말할 것도 없다. 그렇다고 길 이름을 '해떠나보내는길'이라 붙일 수도 없는 노릇, 이럴수록 더욱 적극적으로 '해를 향하자'는 의미에서 해맞이길이라는 이름은 힘이 솟게 한다.

계단은 이 모든 길을 따라 나 있다. 길의 골격이 제멋대로니 그

그림 5 | 한남동 해맞이4길. 정오를 넘기면서 그림자가 지기 시작한다.

속에 박히는 계단인들 제대로일 리 없다. 계단도 길을 따라 한다. 욕심쟁이처럼 넓다가 이내 겸손하게 좁아진다. 너비와 높이도 제각각이다. 일부러 똑같을 필요는 없다. 다닐 만하면 그다음은 그때그때 내키는 대로 하면 된다. 길 하나를 온통 차지하기도 하고 다소곳이 길옆에 붙기도 하며, 골목 마디 하나를 다 오르기도 하고 중간에 몇 번을 나눠 쉬어가기도 한다. 무심하게 앞만 보고 가다가 언제 그랬냐는 듯 양옆으로 대문을 대동한다(그림 6). 이런 장난꾸러기 계단은 스스로 긴 호흡을 만들다가 길게 늘어진 길 옆에 짧은 토막으로 스타카토를 만든다. 막다른 가짓길 제일 깊은 곳에 마지막을 감춘 것도 계단이요, 대명(大明)에 자신을 온통 드러내는 것도 계단이다.

그림 6 | 한남동 제청전길. 계단 뼈대길에서 양옆 집으로 계단 가짓길이 갈라진다.

제청전길, 마전터2길, 도깨비시장길

한남동은 볼록한 봉우리 하나가 통째로 동네 하나를 이룬다. 아래에서 봉우리를 올려다보면 꼭대기에 무엇이 있을지 궁금해진다. 교회 뾰족탑이 보이긴 하지만 그저 아래쪽과 다르지 않은 집이 계속 이어질 듯도 하고, 작은 놀이터가 있을 것도 같다. 드라마에 보면 달동네 꼭대기에는 서울 시내가 내려다보이는 놀이터가 있다. 동네 어른들이 운동도 하고 실연당한 춘삼이가 쭈그리고 앉아 가랑이에 고개를 처박고 슬피 울기도 한다. 신데렐라 계열의 드라마에서는 곧잘 재벌 아들이 가난한 집 딸을 만나 사랑을 고백하는 곳으로도 나온다.

그런 면에서 이 동네는 의외다. 열심히 길을 올라 도달한 꼭대기 능선에는 차가 다니는 큰 길이 나 있고 시장도 있다. 봉우리 꼭대기에 완전히 다른 또 하나의 공중세계가 펼쳐진다. 특히 시장이 인상적으로, 규모가 제법 크다. 이 꼭대기에 도저히 이런 큰 시장이 있을 것 같지 않은데 말이다. 친구를 데리고 산책을 오면 제일 놀라는 것도 꼭대기 시장을 보고서다. 하나같이 서울 시내에 이런 곳이 있었느냐는 반응이다.

꼭대기 길은 셋이다. 맨 꼭대기 길은 마전터2길로, 한가운데를 뾰족탑 교회가 차지하고 있다. 한광교회인데 규모가 무척 크다. 뾰족탑으로 아랫동네를 위압하더니 와서 보니 덩치도 무척 크다. 로마네스크 양식의 건물은 마전터2길 전체를 세놓은 듯 호령하는 기세다. 그런 교회 옆에 아이러니하게도 지장암이라는 자그마한 주택형 절이 담을 맞대고 있다. 마전터2길 바로 아래에 꼭대기 길이 하나 더 있는데, 바로 제청전길이다. 여기에는 세탁소, 미용실, 복덕방 같은 가게들이 늘어섰고, 그 길을 따라 위로 올라가면 시장이 시작된다. 노천시장 길 양옆에 좌판이 늘어선 모습은 점점 사라져가는 풍경 가운데 하나다. 힘든 서민생활의 대명사지만 그만큼 정겹고 추억이 담긴 풍경이다.

　마전터길과 제청전길이라는 이름의 유래는 이 지역의 지형적 특징을 잘 보여준다. '마전터'라는 이름은 이곳에 있던 빨래터 이름이고, '제청전'은 외국 사신을 접대하던 건물 이름이다. 이 일대에 조선 초 안평대군의 별장 정자가 있었는데 그 위치가 한강 북안 높은 곳이라 아래로는 한강이, 멀리로는 관악산이 보여 절경을 이루었다고 한다. 이를 종합해보면, 봉우리 일대에는 물이 솟아 흘러 빨래터를 이루었고 높이가 꽤 되어 경치도 빼어났음을 알 수 있다. 지금도 골목길을 잘 누비며 마음을 열고 살피면 이런 즐거움을 조금은 느낄 수 있다

　두 길은 한 곳에서 만나 도깨비시장길이 된다. 도깨비시장은 규모

그림 7 | 한남동 도깨비시장길. 왼쪽의 제청전길과 오른쪽의 마전터2길이 하나로 만나 도깨비시장길로 이어진다.

가 꽤 크다. 옛날에는 도깨비처럼 생겼다 사라졌다고 해서 이런 이름이 붙었다. 공간 구조로 보면 완전히 재래시장은 아니지만 길 양옆으로 길게 늘어선 가게들의 종류로 보면 재래시장이다(그림 7). 제청전길 시장이 노천시장인 데 비해, 도깨비시장은 중산층에 맞는 다양한 가게가 건물 안에 들어가 있다.

제청전길에서 도깨비시장으로 이어지는 길에는 골목 특유의 오래된 가게들이 늘어서 있다. 구멍가게를 필두로 미용실, 이발소, 세탁소, 철물점, 재래시장 등(그림 8), 이런 가게들은 단순히 낭만적 추억의 대상이 될 뿐 아니라 경제적 역할도 한다. 경제적 충격을 흡수하는 일종의 완충 작용을 한다는 뜻인데, 이들은 불황에도 큰 영향을 받지 않고 물가 변동도 적어 서민들의 생활 유지에 큰 도움을 준다. 경제적 충격에 대한 이 가게들의 내성은 대형화된 기업보다도 크다. 일상 소비용품들이 대형화되고 기업화될수록 불황의 충격에는 매우 취약하다. 조금만 소비가 되지 않아도 나라경제가 죽네 사네 한다. 끊임없이 소비가 되어야 겨우 경제가 돌아간다는 말이 나오니, 이 과정에서 필요 이상의 과소비는 불 보듯 뻔한 결과다.

그림 8 | 한남동 제청전길. 재래식 가게들이 있지만 엄연히 이 동네의 작은 경제 중심지이다.

골목 안 가게들은 후기자본주의 시대에 경제가 숫자화, 총체화, 추상화, 세계화 되어가는 추세에 대한 긴요한 대안일 수 있다. 후기자본주의 시대에는 개인, 소규모 기업, 소규모 지역 등을 위한 분배의 의미가 점점 축소되어, 경제는 국가 전체 단위의 숫자놀음으로 바뀌었다. 밥상에 오르는 반찬거리까지도 중앙집중화된 거대기업에서 독점적으로 재배해 대형마트에서 판매하는 시대다. 가격은 오로지 거시경제의 성장률 수치에만 초점이 맞추어지고 개인은 소비를 촉진하는 대상으로만 인식된다. 이 과정에서 과소비, 불필요한 구매 등이 다반사로 일어나고 불량품에 너무 무기력하게 노출되어 소비자의 정당한 선택 권리는 전혀 중요하지 않게 된다.

골목 안 이런 가게는 이런 문제점을 해결할 만한 작은 대안이 될 수 있다. 그곳에서는 꼭 필요한 물건만 사게 되므로, 차를 몰고 가서 충동구매한 물건까지 트렁크에 가득가득 싣고 오는 법이 없다. 필요한 것이 생길 때만 그때그때 장바구니를 들고 나서면 충분하다. 퇴근길에 호빵 세 개만 사면 온 가족이 아랫목에 둘러앉아 한 시간은 거뜬히 노닥거린다. 저녁밥 지을 시간에 대파가 삐죽 머리를 내민 장바구니를 들고 집에 들어서는 어머니의 뒷모습은 골목길에서 결코 빠져선 안 될 꼭 필요한 풍경이다(그림 9). 오늘은 좀 아쉽게 샀지만 어머니의 손끝 정성(情性)으로 만회하는 정성적(定性的) 요소라는 것도 있다.

가게의 손님은 골목길에서 오랫동안 같이 살아온 이웃이다. 이웃에게 어떤 물건을 팔고 어떻게 대할지는 불문가지다. 갈림길 어귀의 슈퍼나 구멍가게는 기본적인 기능 외에도 여러 의미가 있다. 외상이 되는 곳이자 동네 랜드마크의 기능을 하고, 골목 소식을 모아 전하는 동네 방송국도 된다. 이 모두가 중요한 경제 요소들로, 일상생활의 인적 인프라라 할 수 있다. 이런 것들이 있어야 불황을 이겨낼 수 있다. 사람의 몸으로 치면 자연 면역기능으로, 그런 것 없이 항생제만으로 병을 이겨낼 수는 없다. 따라서 가게를 없애고 재벌기업에 속한 대형마트만 남기는 것은 자연 면역기능을 없애고 항생제만으로 살아가겠다는 발상이나 다름없다.

다시 제청전길과 도깨비시장길로 돌아가자. 이 둘은 봉우리 꼭대기를 따라 길게 이어진다. 제청전길 전체 길이에서 가짓길은 여섯 개, 도깨비시장길을 따라서는 무려 열네 개가 나온다. 이 가운데 제청천길과 맞닿은 네 갈래가 한남1동이고 그다음부터는 이태원이다. 두 동네는 해맞이길을 경계로 나뉘는데, 도깨비시장은 이태원 회교사원까지 계속되다가 소방서길을 만나 유흥업소와 합쳐진다. 봉우

그림 9 | 한남동 제청전길. 장바구니를 든 어머니의 모습은 언제나 따뜻하다.

리 꼭대기 능선을 따라 한남동에서 이태원까지 이어지는 것이다. 좋은 나들잇길 노선이 머릿속에 그려진다. 한남역에서 시작해 골목길을 올라 정상에서 도깨비시장을 따라 이태원역으로 내려오며 끝나는 길. 한남역에서 이태원역까지라니, 굉장히 멀리 떨어진 것 같다. 찻길로는 멀리 돌아가는 수밖에 없으니 택시로 기본요금은 넘지만, 한번 걸어보자. 등을 맞대고 붙어 있는 옆동네임을 실감할 것이다. 축지법이라도 쓰는 양 신기하다. 아쉽지 않고 지루하지 않은 적절한 거리를, 힘들지 않고 섭섭하지 않게 지날 수 있는 재미있는 여정이다.

곡절과 삼거리

해맞이길 지역은 아래쪽의 해맞이1길, 위쪽의 제청전길, 오른쪽의 해맞이길, 세 길이 주요 경계다. 이 속을 해맞이길 시리즈가 지렁이처럼 꿈틀거리며 가르고 지나간다. 단순히 길 골격이 다양한 것 이상으로, 골목은 변화가 심하다. 길이 좁고 꺾임도 많으며 계단이 주를 이루어 급박하고 긴장감이 넘친다. 시선은 계속 차단되고, 짧은 호흡으로 시선과 방향이 바뀌면서 경치도 수시로 변한다. 끊기고 갈라지고 삐딱하다. 휙 꺾이다가 빙글 돈다(그림 1). 척도는 조여오고 내 몸과 주변 조형이 충돌한다(그림 10).

해맞이길 지역은 남북으로 길게 누운 형국인데 이것을 좌우 둘로 나눌 수 있다. 왼쪽 동네는 해맞이2길과 해맞이3길이 주요 길이다. 이들은 아래쪽의 해맞이1길과 오른쪽의 해맞이길에서 갈라져 들어온 가짓길과 중간에서 합쳐진다. 이 길은 다시 두 방향으로 갈라지는데, 위쪽의 제청전길로 오르거나 오른쪽으로 뻗어 해맞이4길과 만

그림 10 | 한남동 해맞이2길. 길은 꺾이면서 급속히 좁아진다.(왼쪽)
그림 11 | 한남동 해맞이2길. 보행로 사거리에 만들어진 작은 교통광장이다.(오른쪽)

난다. 이런 합침과 갈라짐이 일어나는 지점에는 작은 광장 같은 것이 만들어져 있다(그림 11). 물론 차는 못 들어온다. 보행자들을 위한 광장으로, 동네 어르신들이 모여 담소하는 만남의 광장도 된다. 앞에서 얘기한 공터가 많은 해맞이2길과 해맞이3길이 바로 이곳으로, 이런 광장도 공터의 한 형식이다.

  합침과 갈라짐만 있는 것은 아니다. 만나고 헤어지는데 어찌 인연이 안 만들어질 것인가. 합치고 갈라지는 와중에 사선 방향의 격자구도가 형성되어, 30도쯤 비스듬한 방향으로 동심원 길이 네 갈래 나 있다. 이 사이를 서너 갈래쯤 되는 방사선 길이 가르고 지나간다. 나

그림 12 | 한남동 해맞이2길. 길은 꺾이고 어긋난다.(왼쪽)
그림 13 | 한남동 해맞이길. 휨길의 각도가 급하다. 곡절이라 할 만하다.(오른쪽)

름으로 열심히 질서를 만들었다. 이것이 얼개가 어긋나고 방향이 빗나가다 보니 지렁이가 기어가는 것처럼 보일 뿐이다. 속절없이 합쳤다 갈라지는 것 같지만, 지나치게 정확히 딱 맞는 것보다는 속절없어 보이는 것이 더 낫다. 갈라진다고 슬퍼할 일은 아니다. 속절없이 보여도 틀림없이 제청전길로 올려놓으니, 어차피 하나로 귀결된다. 약속을 믿을 수만 있다면 중간에 곡절 좀 있는 게 낫지 않겠는가.

그렇다, 곡절이다. 이 동네는 확실히 곡절이 많다. 곡절은 휨길의 절정이다. 길이 휘었다 해서 불편하기만 한 건 아니며, 휘었다고 다 같은 휨도 아니다. 곡절이란 무엇인가. 휘었다는 의미의 '곡(曲)'과 꺾였다는 의미의 '절(折)'이 만난 말이다. 길은 휘고 꺾였고, 무심한 직선길보다는 사연이 많아 보인다(그림 12). 사연이 많으니 정도 많은 게 당연하다. 뿐만 아니라, 곡절이라는 단어는 뜻이 여럿이다. 마디를 의미하는 '절(節)'을 쓰면 마디마다 휘었다는, 즉 휜 마디라는 뜻이 된다. 실제로 길은 온전히 두 마디를 못 가고 마디마다 휘었다(그림 13). 한편 끊는다는 의미의 '절(切)'을 쓰면 의외의 뜻이 된다. 정성이 지극하고 간곡하다는 뜻이다. 마디마다 휘었으니 휜 마디 하나 만들 때마다 그 정성은 어떠했을 것이며 내 사는 터에 대한 간곡한 마음은 또 어떠했으랴. 몇 달을 못 살고 옮겨다니는 투기(投機)식 뜨내기 생활과는 비교할 수 없는 간곡한 터전이다.

오른쪽 동네는 해맞이4길~해맞이6길이 주요 길이다. 휘어 올라가는 해맞이길에서 여섯 갈래, 위쪽의 도깨비시장길에서 네 갈래로 길이 갈라진다. 이 길들은 속에서 다양한 형식으로 만난다. 고릿길, T자형 길, Y자형 길, 삼거리 등 다양하다(그림 14). 묘하게도 네거리는 없다. 삼거리만 형식을 바꿔가며 열심히 반복된다. 격자구도를 만드는 네거리가 없으니 모양은 한층 복잡해진다. 그래도 왼쪽 동네 같은 최소한의 질서는 있다. 해맞이길에서 갈라져 들어오는 길들이 제청전길에서 내려오는 길들과 만나 흡수되는 구도로, 해맞이길에서 들어오는 아래쪽 입구만 복잡할 뿐 중간 너머부터는 제청전길을 향하는 방사선 길만 네 갈래로 반복된다. 제청전길로 오르는 길만 잘 고르면 그다음은 비교적 쉽다.

한남동은 이번 골목길 답사에서 만난 첫 동네였다. 시작 첫날은 겁이 덜컥 나고 까마득하게만 느껴졌다. 열심히 사진을 찍어댔지만 머릿속은 거미줄이 얽힌 것처럼 복잡했다. 길을 잃지는 않았지만 이 길이 왜 위에 가면 저 길과 만나는지 도무지 그려지지가 않았다. 힘들었고 어떻게 해나갈지 막막해졌다. 그러다가 골목마다 보이는 이웃들의 사는 모습에 큰 위안을 받으며 계속할 용기를 얻었다. 일요일이라 그런지 사람들이 많이 나와 있었다. 어린아이들은 두셋씩 어울려 놀고 어른들은 집을 손질했다. 문을 열어놓은 이 집 저 집에서 점심 메뉴 정하는 소리, 애들 부르는 소리, 텔레비전 소리, 통화하며 웃는 소리 등이 들려왔다. 또각또각 뾰족구두 소리를 내며 부지런히 걸어 내려가는 젊은 처녀들도 몇 명 지나갔다. 샴푸 냄새를 풍기며 남자친구를 만나러 가나 보다. 어렵게 자란 시절의 아픈 기억들이 자꾸 떠올랐다. 그렇게 간절히 그리던 중산층의 평범한 가정의 풍경이다. 이것이 자꾸 시려져 간다. 이 농네도 언젠가는 불도저로 밀리고 아파트

그림 14 | 한남동 해맞이5길. 'Y'자형 갈림길이다.

투기가 휩쓸 것이다. 단순히 내 개인사를 넘어, 기록을 해두어야겠다는 사명감이 생겼다.

다음 날에는 복잡한 골목길도 제법 익숙해졌다. 어제 못 보고 놓친 장면들이 새롭게 눈에 들어왔다. 골목의 꺾인 각도, 계단의 삐뚤어진 정도, 지붕의 겹침, 시간 따라 변하는 동네의 색깔, 막혔다 열리는 시선 등등⋯⋯. 몸 전체가 골목길의 일부와 동화되는 것 같았으나, 세부적으로 들어가면 여전히 미로 속을 헤매는 것 같았다.

아주머니 한 분이 장을 봐서 올라오다가 왜 사진을 찍느냐고 물었다.

"혹시 동사무소에서 나온 분이세요?"

"아니에요. 골목길 사진을 찍는 작가예요."

별로 실망하는 기색 없이 담담하게 얘기를 이어간다.

"집 앞 요 계단에서 하수구가 새요. 동사무소에 신고를 했는데 영 안 나오네요. 그것 때문에 나온 줄 알았어요."

이런 식의 골목길은 소위 말하는 불량주택의 성격이 있어 사람들의 관심이 아무래도 환경 개선 쪽으로 모아지는 것 같다. 세 번, 네 번, 다섯 번 계속 와보니 급속도로 동네에 친숙해졌다. 세 번째 날에는 웬 아주머니가 길을 물었다.

"버스 타는 큰길로 나가려면 어디로 가요?"

내 동네인 것처럼 길을 가르쳐줄 수 있었다.

"길은 이 길이 넓어 보여도 위로 올라가는 길이에요. 위로 가면 돌아가니까 요 옆에서 꺾으세요. 좁아 보여도 그게 아래로 내려가는 지름길이거든요. 그 길 따라 그냥 쭉 내려가면 큰길 나와요."

세 번쯤 오다 보니 부분적으로 지도가 그려졌다. 네 번째 날에는 마치 이 동네에 오래 산 것처럼 골목길을 뛰어다니면서 즐길 수 있었다. 머릿속에 동네 전체 지도가 그려지기 시작했다. 이 길로 가면 저 위에서 오던 어떤 길하고 어디에서 만나는지 가보지 않아도 될 정도였다.

다섯 번째 날, 인지지도의 완성도가 높아져서 거의 완벽하게 그릴 수 있었다. 전체 지도를 훤히 그려낼 수 있게 되었을 뿐 아니라 골목 안 재미있는 장면도 구석구석 기억해낼 수 있었다. 어느 골목에 가면 소파를 길가에 내놓았는지, 어느 골목에 빨래가 많이 널려 있는지, 노란 대문 집이 어디 있는지, 어느 골목 개가 유난히 사납게 짖는지, 어느 골목에 낙서가 있는지 등등. 심지어 골목에 사는 사람들까지도 알게 되었다. 자연스레, 이 길이 위로 가면 왜 저 길과 만나는지 그 곡절의 사연이 내 머릿속에 차곡차곡 쌓여갔다. 길은 사람이니, 다 곡절이 있는 법, 일일이 따져 물을 필요는 없었다.

아일랜드와 최소골목

해맞이길은 해가 잘 드는 지역과 어두운 지역으로 나뉜다. 영화슈퍼 앞은 해가 잘 드는 지역으로, 중요한 분기점이기도 하다. 아래 큰 길에서 올라오던 찻길이 둘로 갈라지면서 (그림 1), 직선 방향으로는 찻길이 끊기고 계단길이 시작된다. 계단길부터는 해맞이4길로 이름이 바뀐다. 찻길로 계속되는 해맞이길은 오른쪽으로 꺾여 계속된다. 공터도 있고 낮은 축대길도 있는 이 길에는 해가 잘 들기 때문에 각종 식물도 기르고 자전거도 내놓았다. 모두 영화슈퍼 앞에서 벌어지는 일이다. 영화슈퍼 앞에는 작은 오락기가 하나 있어서 항상 동네 꼬마

들로 붐빈다(그림 15).

찻길 위쪽에는 집들이 섬 모양으로 몰려 있는 아일랜드형 구성이다. 집의 전후좌우로 길이 지나 말 그대로 섬처럼 떠 있다는 뜻이다. 여기엔 집 몇 채를 묶은 긴 덩어리처럼 생긴 섬이 떠 있다. 섬의 앞길은 넓은 찻길이고 뒷길은 좁은 골목이다(그림 16). 뒷길에 놓인 각 집으로 들어가는 댓돌이 이채로운데, 골목이 좁기 때문에 지나가는 사람을 방해할까봐 한 걸음이나 두 걸음 만에 집에 들어가도록 처리했다. 걸음 방향을 정하면서 고민한 흔적이 역력하다(그림 17).

아일랜드 안쪽 길에서 가짓길 두 개가 올라간다. 하나는 고리 모양을 이루며 해맞이4길로 이어지고 다른 하나는 구불구불 긴 여정을

그림 15 | 한남동 해맞이4길. 영화슈퍼 앞에서 시작되는 해맞이4길은 긴 거리를 잇는 계단길이다.

이어가며 저 위쪽 도깨비시장길까지 오른다. 이 과정에서 둥글게 돌아 나가는 길을 두 번 거친다. 이렇듯 길의 골격이 변화가 심한 데 비해 안쪽 분위기는 추상적이다. 담은 주로 회색이고 집은 주로 붉은색 계열이다. 색조 외에 다른 요소는 많이 자제되었다.

해맞이2길이 압권이다. 막다른 길을 빼고 통하는 길만 열 갈래다(그림 1). 길이, 방향, 형상이 모두 다양하다. 해맞이2길은 입구가 다섯 개로 해맞이1길에서 둘, 해맞이길에서 하나, 제청전길에서 둘이다. 해맞이길에서 들어오는 길은 중간에 갈림길 두 개와 만난다. 여기서 갈라지면 제청전길로 오르는 긴 여정이 시작된다. 폭 60센티미터짜리 좁은 골목길을 지나게 된다(그림 18). 배나온 사람이 들어가면 담 사

그림 16 | 한남동 해맞이길. 아일랜드형 공간의 앞뒤로 두 개의 길이 나 있다.(왼쪽)
그림 17 | 한남동 해맞이길. 댓돌의 방향 처리가 절절하다.(오른쪽)

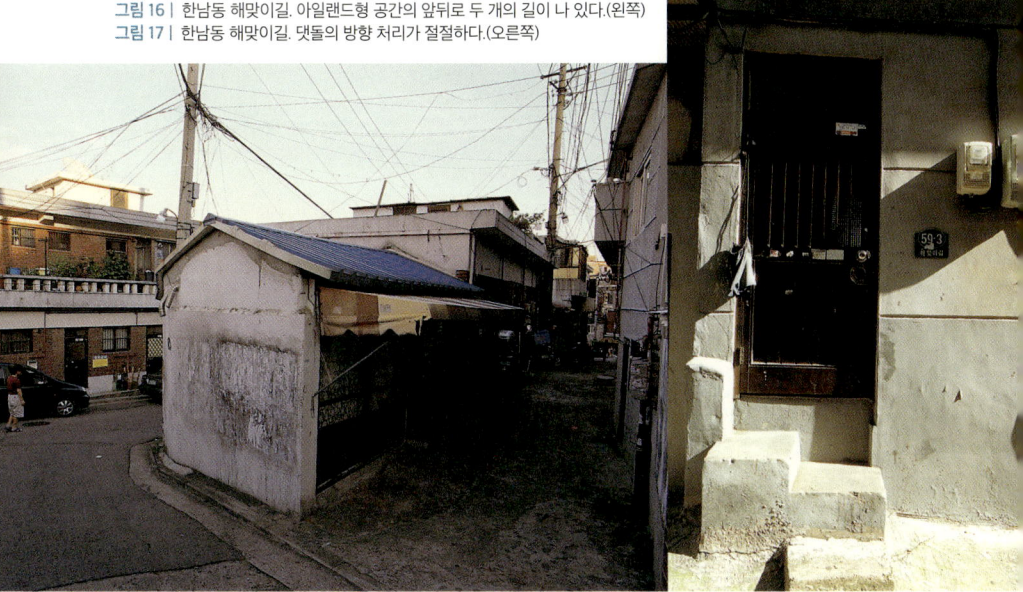

이에 끼어서 오도 가도 못할 정도로 좁은 폭이다. 요즘 건축법으로는 허가가 안 날 좁은 폭이지만 옛날 골목길의 특징을 잘 보여주는 곳이다.

해맞이2길의 두드러진 특징은 분산적이고 다양한 구도인데, 이런 점은 해맞이3길도 유사하다. 앞에서 얘기한 '곡절'의 의미를 보여주는 좋은 예다. 큰길 두세 개 정도가 주요 골격을 이루고 그 사이를 작은 길들이 연결하는데 꺾임과 막힘이 많은 편이고, 갈림길도 많다(그림 19). 길은 돌고 꺾여 다시 만나기도 하지만 섭섭하게 중간에서 뚝 끊어진다. 불친절은 아니다. 막다른 골목에는 초록색 파란색 노란색으로 칠한 대문이 웃고 서 있다. 허름한 달동네에선 제법 멋을 낸 편에 속한다. 대문은 집의 얼굴인데 여기에 원색을 칠했으니 화장을 한 셈이다. 더 들어가면 남의 집이다. 색의 잔상을 가지고 돌아 나온다(그림 20).

그림 18 | 한남동 해맞이2길. 폭 60센티미터의 좁은 골목길이다.(왼쪽)
그림 19 | 한남동 해맞이2길. 한쪽은 테라스로 이어져 막다른 길로 끝난다. 다른 한쪽은 추상 매스를 끼고 계단길로 이어진다.(가운데)
그림 20 | 한남동 해맞이2길. 테라스를 지나 집으로 이어지는 진입로다.(오른쪽)

한남동에 숨은 장면들(2)

한남동 마전터2길 | 돼지저금통 한 꾸러미, 우유 통, 소주 박스, 1980년대 공중전화박스. 구멍가게의 재산 목록이다. 또 있다. '쌀 판매합니다' '하드 가게 안에 있습니다' '옆으로 여는 문(화살표)' 같은 문구도 있다. 시간의 기록이기도 하다. 어린아이는 드르륵 문을 열 것이고 낯익은 할머니가 맞아줄 것이다. 초등학교 1학년 때 이런 가게에서 과자 사 먹던 기억과 가게의 냄새는 지금도 생생하게 기억에 남아 있다.

한남동 해맞이1길 | 저 멀리 한강과 강남을 내려다보며 무슨 생각을 할까. 경사지 집들은 옥상 활용도가 높다. 집이 좁아서 공간을 추가로 만들려는 목적도 있고 경사를 활용하려는 목적도 있다. 상황에 따른 자연스러운 결과이니 그만큼 활용도 자연스럽다. 르코르뷔지에도 옥상을 중요한 건축요소로 집어넣었지만 그의 계획은 너무 인위적이었다. 그의 강령이 온 세상을 지배하는 지금의 한국 현대건축에서 옥상은 철문으로 굳게 잠긴 금단의 공간이지만, 이곳만은 다르다.

한남동 해맞이2길 | 한남동은 옥상 활용이 특히 활발한 동네다. 옥상에는 또 하나의 세계가 펼쳐진다. 옥상으로 오르는 계단은 뛰어난 조형 어휘다. 평행갈래를 만드는 첫 번째 요소다. 길은 경사를 따라 아래로 내려가고 계단은 그 길에 평행하게 위로 오른다. 엇갈림 박자가 조형적 긴장감을 높이는 계단을 다 오르면, 옥상이 수직 망루가 되고 저 아래 경치는 온통 내 것이 된다.

한남동 해맞이2길 | 다세대주택의 계단은 오래된 골목길의 흔적을 기억한다. 계단은 안정된 십자축 구도를 거부하고 사방으로 뻗는다. 일차적으로는 기능적 해결에 따른 결과지만 그 이면에는 기억이 더 크게 작용한다. 휘고 꺾이고 갈라지는 수평 방향의 골목길 구도를 수직으로 압축해놓았다는 의미다. 앞집, 뒷집, 옆집의 계단이 박자를 만들고 박자는 율동을 만든다. 담도 여기에 맞춰 모습을 갖추었다.

한남동 해맞이4길 | 팍팍한 골목길에서 대문의 강한 원색은 작은 즐거움이다. 집 앞을 오가는 사람들에게는 물론이고 하루에도 몇 번씩 열고 드나드는 가족들에게도 마찬가지다. 막다른 골목이니 사람이 많이 오갈 리 없고 결국은 자신을 위한 멋내기일 것이다. 색의 잔상은 생각보다 오래간다. 집을 떠나 있는 하루 종일 집에 대한 애착을 지켜주는 몸짓이라 할 수 있다. 아파트가 지배하는 세상에서 내 집에 가치를 부여하고 내 집의 정체성을 확보하려는 지난한 몸짓이다.

한남동 해맞이길 | 평범한 시멘트 보도블록이 유용하게 쓰였다. 계단길과 경사길을 함께 갖추었다. 자전거처럼 바퀴가 달린 교통수단을 위한 기능적 배려다. 조형적으로 보아도 위쪽의 넓은 계단과 경쾌한 대비를 이룬다. 대비는 걸음에 재미를 준다. 위쪽 계단이 네 박자의 완만한 걸음이라면 시멘트 블록계단은 사분의 일 박자의 스타카토다. 내가 사는 공간을 어떻게 꾸미냐는 자기 몫이다. 엉덩이 붙일 집 한 칸 생기면 그다음은 자기 하기 나름이다.

유흥업소, 부자, 서민

　이태원에 웬 골목길인가. 이태원하면 사람들은 화려한 유흥업소나 부촌만 생각한다. 잘해야 가짜 명품이나 이민가방 많이 파는 시장 골목만 안다. 미군부대와 가까우면서 서울 속의 미국인 도시라는 인상이 강하다. 미국풍은 하얏트 아래쪽 부자동네와 잘 들어맞아, 한국 최고 재벌의 본거지를 비롯하여 재벌 총수의 집만도 여럿이다. 한마디로 외국인 동네라고 할 수 있다. 일본인 관광객도 이태원을 많이 찾는데, 간판도 한국어보다는 영어나 일본어가 더 많고 유흥업소도 많다. 패스트푸드점, 세계 각국의 음식점, 술집, 나이트클럽 등 종류도 다양하다. 한때 철야영업의 대명사이기도 했으며 동성애 사업의 본거지라는 인상도 강하다.

　향락적이고 이국적인 이런 분위기는 물론 이태원의 특징들 가운데 하나다. 이런 장면은 이태원의 큰길이라고 할 수 있는 이태원로를 따라 양옆에 도열해 있다. 도로체계에서 흔히 간선도로라 부르는 길로 첫 번째 켜라 할 수 있는 이태원로는 지하철 6호선과 버스가 다니는 4차로의 큰길이다. 눈에 가장 쉽게 띄는 크고 화려한 소비성 가게들을 중심으로 이루어진 길이라 유행 따라 변하기도 쉽게 변한다.

　그런데 큰길을 중심으로 형성된 이런 장면은 이태원의 진면목은 아니다. 이태원의 진짜 매력은 그 이면에 형성된 골목길 동네에 숨어 있다. 이태원의 이미지와 참 맞지 않는 것 같지만 이곳에도 훌륭한 골목길 동네가 있다. 큰길 아래쪽으로 여러 갈래 길이 나 있는데, 이들은 첫 번째 켜인 이태원로와 나란히 간다는 의미에서 두 번째 켜라 할 수 있다. 바로 여기에 이태원의 골목길 동네가 있다(그림 1). 여러 겹에 길이도 제법 된다. 이태원로를 따라 동쪽에서부터 솔마루길,

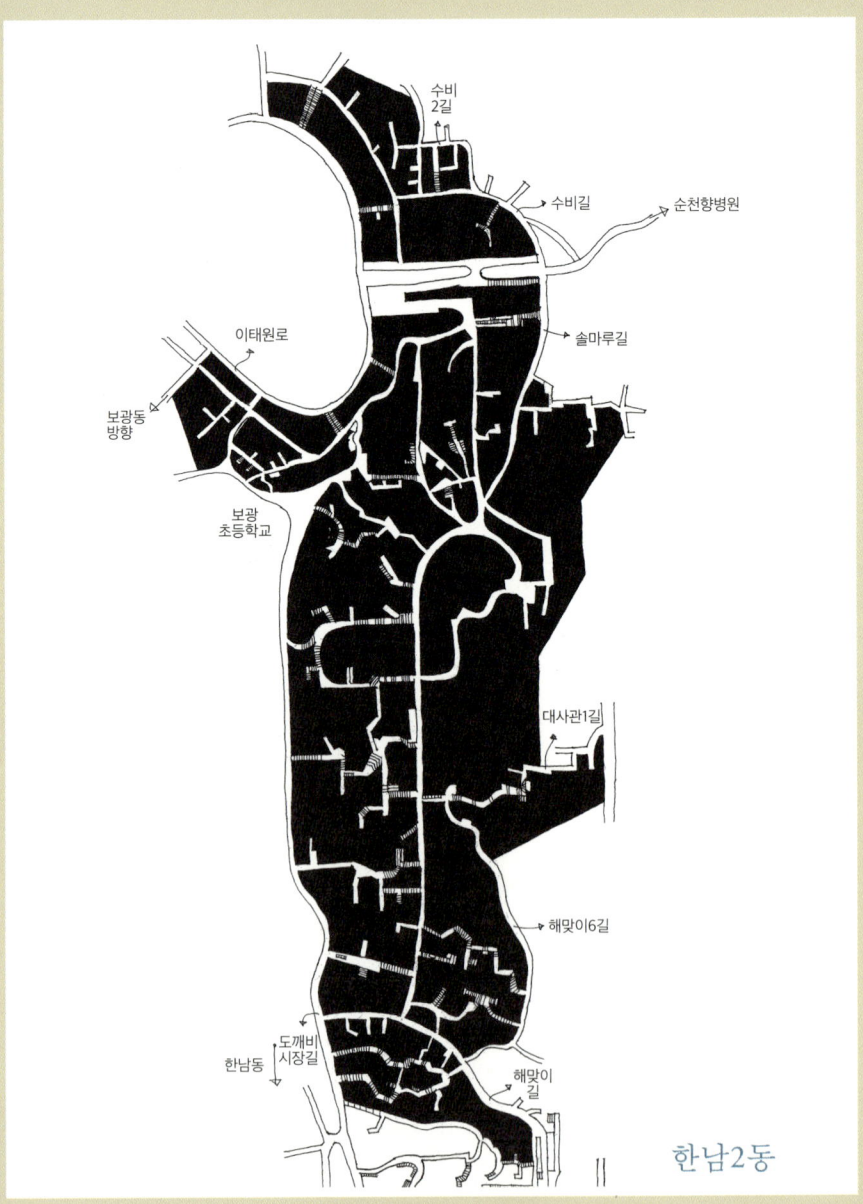

그림 1 | 이태원 전체 지도

솔마루1길, 이화시장길, 버드나무길 등이 차례대로 지형 따라 한 겹에서 세 겹의 두 번째 켜를 이룬다. 도깨비시장길도 여기 있는데, 이태원로와 직각을 이루며 서쪽의 한남동 방향으로 파고드는 또 하나의 두 번째 켜다. 도깨비시장길 밑으로 나란히 가는 솔마루2길도 중요한 두 번째 켜로, 이태원의 참멋은 이 두 번째 켜에 있다(그림 2).

서울 전체로 보면 남산은 한강을 향해 흘러내려가는 첫 번째 구릉에 해당되는 지역이다. 이태원로를 기준으로 북서쪽 언덕은 남산의 끝자락으로 실제 남산의 일부로 볼 수 있다. 이 방향으로 올라가면 남산타워까지 갈 수 있다. 바로 하얏트 호텔 아래쪽 부자 동네다. 남산의 끝자락은 한번에 내려가지 않고 이태원로에서 잠시 멈추었다가 한번 더 솟아올라 넓은 능선을 형성한 뒤 다시 한강을 향해 내려간다. 능선은 남쪽으로 긴 거리를 달리는데, 그 초입 부분과 동남쪽 내리막이 이태원의 골목길 동네다(그림 3). 행정구역으로는 한남2동에 해당되며 능선의 남쪽 깊은 곳이 앞에서 본 한남동, 즉 한남1동이다. 두 동네는 모두 남산을 '배산'하고 한강을 '임수'한 좋은 입지조건을 가졌다.

그림 2 | 이태원 솔마루길. 이태원로와 솔마루길을 잇는 계단길이다.

그림 3 | 이태원 전경. 유흥업소로 대변되는 대로 이면의 두 번째 켜에 서민들의 골목길이 있다.

　이 두 동네는 한남1동의 꼭대기 길인 도깨비시장길을 공유하며 맞닿아 있다. 능선의 꼭대기 길을 따라 두 동네가 이어지는 것이다. 이 길은 한남역에서 이태원으로 오는 지름길이 될 수 있다. 한남1동의 남계천5길을 따라 올라와서 도깨비시장길의 능선을 타고 오면 회교사원을 만나 소방서길까지 오게 된다(그림 4). 부지런히 걸으면 15분이면 족하다. 도깨비시장길에 오르면 아래로 한강과 저 멀리 강남 경치를 볼 수 있으니 지루하지도 않다.

　앞에서 소개한 한남동 골목길에서 시작하는 나들잇길을 이태원에서 시작해서 거꾸로 갈 수도 있다. 해도 길어지고 날도 따뜻해질 무렵인 봄날의 늦은 오후, 이태원에서 가볍게 술이라도 한잔 걸치고 이국적인 풍경을 즐기며 흥에 취해 도깨비시장길과 제청전길을 이어

그림 4 | 이태원 도깨비시장길. 한남동과 이태원을 잇는 도깨비시장길은 회교사원으로 끝난다.

한남동 골목길까지 내려간다. 차로만 다니다 보니 잃어버린 나들잇길, 아파트 재개발의 대상으로만 보다 보니 잃어버린 나들잇길이다. 또 큰길의 화려한 가게들만 찾다 보니 잃어버린 나들잇길이기도 하다. 너무나 당연한 일상의 공간이 특별한 나들잇길이 된다는 것도 웃기는 일이긴 하지만 그만큼 우리의 생활환경이 급하게 변하고 있다는 반증이기도 하다.

골목길은 살아 있다(그림 5). 남산 기슭을 타고 거만하게 아래를 내려다보는 저 윗동네의 부촌에 못지않게, 큰길을 따라 불야성을 이루는 유흥가 못지않게 생생하게 살아 있다. 한국 현대사를 일구어온 당당한 주역인 서민들의 동네다. 이런 서민들의 골목길이 이태로로를 경계로 위쪽 부촌과 맞선 형국은 아이러니컬하다. 그 중간을 미군 유

이태원 109

그림 5 | 이태원 솔마루2길. 계단, 축대, 갈림길이 어우러진 골목길은 건축적으로 우수한 공간이다.

흉가가 가르고 있는 건 이태원다운 구도로, 이것이 공존인지 대치인지는 세심하게 따져볼 일이다. 한국 현대사의 압축판이라 할 만한 동네. 하지만 어느 것이 더 낫다고 속단하지는 말자. 한 가지 확실한 것은 서민들의 골목길 동네도 당당한 주역 가운데 하나라는 점이다.

두 번째 켜와 소수자의 공간

이태원은 세 종류의 극단적인 동네가 섞여 있다. 유흥업소, 서민들의 골목길, 하얏트 호텔 아래쪽의 부자동네. 이 동네는 강남이 개발되기 전에는 성북동, 동빙고동과 함께 도둑촌이나 강도촌으로 불렸다. 부촌이라 도둑이나 강도가 많아서 붙여진 이름이라고 생각하겠지만 천만의 말씀이다. 이 동네에 사는 부자들이 가장 큰 도둑놈들이요 날강도들이라서 비아냥거리는 의미로 붙여진 이름이다. 집 한 채의 담이 3, 4층 높이에 수십 미터니 그럴 만도 하다. 당시 이런 집에 사는 사람들은 최상위 지배계층으로 온갖 부정부패와 착취로 모은 돈으로 이런 집에 살 수 있었다. 강남에 20억짜리 아파트들이 등장했지만 아직도 진짜 알부자는 강북에 산다는 말이 있다. 강남 부자가 부동산투기로 돈 번 졸부나 벼락부자라면 강북 부자는 오래된 부자다. 이태원의 부촌은 아직도 오래된 알부자들이 몰려 사는 곳이다.

부자동네라는 이미지는 큰길의 유흥업소와 함께 이태원을 대표하는 또 다른 대표적 특징이다. 이것이 미국풍과 합쳐지면 더욱 그러하다. 중학교 때 해방촌에 사는 한 친구가 있었는데 이상하게 녀석은 '해방촌'이라는 말을 창피해했다. 그래서 학교에서 가정환경을 조사할 때나 남들에게 자기 사는 동네를 말할 때는 꼭 이태원에 산다고 했다. 그 말을 할 때 녀석은 어깨에 힘이 들어가고 자랑스러워했다.

부자동네 얘기가 너무 길어졌다. 다시 골목길로 돌아가보자. 이태원을 얘기할 때 이면의 두 번째 켜는 빠져서는 안 될 핵심 요소다. 두 번째 켜는 서민들의 골목길 동네만을 담고 있는 것이 아니라, 소수자들의 공간이기도 하다. 화려한 것 이면에 한국사회에서 소수자에 속하는 사람들이 살고 있다는 말이다. 회교사원 앞에 가면 성소수자들을 쉽게 만날 수 있다. 웬 덩치 큰 남자가 여장을 하고 앞에 가는 사람을 "언니~~" 하고 부르며 뛰어간다. 5분도 채 안 되어 여자보다 더 날씬하고 예쁘게 생긴 여장 남자가 다시 지나간다.

외국인들도 소수자다. 위세 부리는 미군이나 그 가족을 뺀 나머지 외국인들은 분명 우리 사회에서 소수자들이다. 이들은 자구책으로 이태원에 몰려들어, 서로 뭉쳐 함께 보호하고 긴요한 정보도 나눈다. 성소수자나 외국인이 특정 지역에 몰려 살지는 않는다. 두 번째 켜가 담당하는 지역 가운데 회교사원을 기준으로 주로 서쪽에 퍼져 산다. 회교사원 근처 동네에서 소방서길과 이화시장길을 지나 이태원역에 이르는 지역이다. 이 지역의 한중간을 차지하고 있는 소방서길의 주인은 미군들을 상대로 몸을 팔며 살아가는 사람들이다. 한때 '양갈보'로 불리던 이들도 내막이야 어찌되었건 밝은 햇빛에 나오기 힘든 소수자들이다.

그림 6 | 이태원 솔마루2길. 외국인이 많이 사는 골목길이다.

한남동을 향하는 동쪽 지역은 서민들의 골목길 동네로, 굳이 한남동과 구별 지을 필요 없이 자연스럽게 한 동네를 이룬다. 큰길 양옆에, 경사지를 파고들어, 내리막 막다른 길 속에 다양한 양상으로 살아들 간다. 이렇게 보았을 때 이태원의 두 번째 켜는 서민들의 골목길 동네와 소수자들의 공간 둘로 나눌 수 있다. 회교사원을 기준으로 이태원 아래에서 올라오는 지역은 소수자들의 공간이고 도깨비시장길을 따라 중간에 중첩 지역을 거쳐 서민들의 골목길 동네가 시작된다.

두 번째 켜라는 말은 소수자의

이미지와 잘 어울린다. 실제로 골목길 사이사이에 동남아시아나 아랍계로 보이는 외국인이 많이 살고 있다. 성소수자도 마찬가지로, 골목길의 은밀하고 포근한 공간 구도가 이들 소수자에게 편안한 도피처나 안식처를 제공한다(그림 6). 첫 번째 켜의 대로를 활보하기가 꺼려지는 이들에게 두 번째 켜는 삶의 터전이다. 두 번째 켜도 가게들을 갖추고 트럭까지도 드나드는 등 첫 번째 켜와 동일한 기능을 한다. 그러면서도 완전한 노출을 막아주는 은폐 기능도 적당히 해, 몸을 감춰주면서도 서비스 기능은 떨어지지 않는 절묘하고 긴요한 공간이 된다.

두 번째 켜의 소수 이미지를 일반화해보자. 두 번째 켜이 길은 흔히 이면도로라고 부르는 길로, 첫 번째 켜인 간선도로의 이면에 있다는 의미다. 우리에게 이면도로는 간선도로가 막혔을 때 돌아가는 우회도로거나 주차 공간 정도로만 인식되어 있다. 자동차와 관계된 기능적 측면으로만 그 존재가 정의된다는 의미다. 이것은 지혜롭지 못한 시각이다. 이면도로의 참맛은 간선도로가 줄 수 없는 아기자기한 생활공간이 펼쳐지는 데서 찾아야 한다. 자동차에 점령당해 번잡하고 소란스러운 간선도로에서는 느끼지 못하는 안정되고 차분한 공간 말이다.

이태원도 마찬가지다. 이태원로를 따라 늘어선 유흥업소보다 먼저, 저 위쪽 부자동네보다 먼저 원래부터 이곳에서 살아오던 사람들의 동네다. 숨죽인 채 숨어살던 소수자들의 공간이기도 하다. 둘 사이에는 사회적 약자라는 공통점이 있다. 권력, 돈, 독재, 개발 등 근·현대 사회에서 소외받은 패배자들이며, 이분법 구도 아래에서 옳다고 여겨지던 것들을 뺀 나머지들이었다. 개선의 대상이었고 개선이 안 되면 없어져야 할 대상이었다. 그 자체로는 존재의 근거를 확보

받지 못한 인생들이었다(그림 7).

이들은 엄연히 우리 사회의 구성원들이다. 서민들은 한국 근대사를 일구어온 당당한 주역이 아닌가. 소수자들은 수적으로 적거나 외국인들이기 때문에 큰 역할은 못 했지만 우리가 함께 어깨동무를 하고 가야 할 평범한 이웃이다. 특별히 더 소중해야 할 이유가 없듯이 특별히 차별받을 이유 또한 없다. 이태원의 두 번째 켜는 바로 이런 사회적 약자들이 삶을 꾸려가는 터전이다.

이태원은 대로변에 늘어선 유흥업소들 때문에 애꿎은 누명을 썼다. 철야영업의 대명사이던 곳, 유행 따라 번질나게 업소들이 바뀌는 곳, 짝퉁의 대명사, 술 취한 미군이 무고한 시민을 때리고 찔러 죽이

그림 7 | 이태원 솔마루2길. 불량주택으로 재개발 대상으로만 볼 것이 아니라, 공간적 우수성에도 눈을 돌려야 한다.(왼쪽)
그림 8 | 이태원 솔마루2길. 기하학적 짜임새가 돋보인다. 평범한 중산층 주택이지만 조형미가 있다.(오른쪽)

는 위험한 곳, 항상 현란한 네온사인이 번쩍이는 곳, 낮에는 침울하게 죽어 있다가 밤이 되어야 생기가 도는 곳, 밤만 되면 무언가 비밀스럽고 음침한 일이 벌어지는 곳. 이런 것들이 그동안 이태원에 씌워진 온갖 부정적인 이미지들이다. 이것은 모두 영어 간판, 일어 간판으로 화장한 채 희죽거리는 대로변 유흥업소들이 저지른 일이다.

사실 이태원은 억울하다. 그 이면, 한 켜만 더 들어가보면, 완전히 다른 평범한 소시민들의 세계가 엄연히 살아서 잘 돌아가고 있다. 유행에 아랑곳하지 않고, 세태에도 잘 버티며, 항시적 모습으로, 늘 그대로 남아 있는 동네. 이들이 이태원의 진짜 주인이다. 묵묵히 살아가는 이름 없는 주인. 한 켜 밖에서 벌어지는 부질없는 가면극을 아는지 모르는지, 두 번째 켜의 동네는 너무도 평온함 그 자체다. 다른 동네와 다를 바가 하나도 없기에, 너무 그저 그렇기에, 그래서 저력 있게 살아 있는 소중한 동네다(그림 8).

솔마루길, 수비길, 뼈대길

남산이 이태원을 거쳐 한강을 향해 내려가는 방향은 제일기획을 기준으로 둘이다(그림 1, 9). 제일기획에서 한강을 내려다보았을 때 왼쪽은 이태원로에서 바로 내려가는 낮은 지역으로 수비길 일대이고, 오른쪽은 한 번 더 솟아올라서 높은 지대가 계속되다가 내려간다. 이 봉우리가 도깨비시장길을 통해 이어지는 한남동의 봉우리다. 봉우리는 이태원로에서 계단을 타고 오르는데, 그 동남쪽 내리막 경사에 이태원의 골목길이 펼쳐진다. 골목길은 솔마루길 시리즈를 주요 길로 삼아 이루어진다.

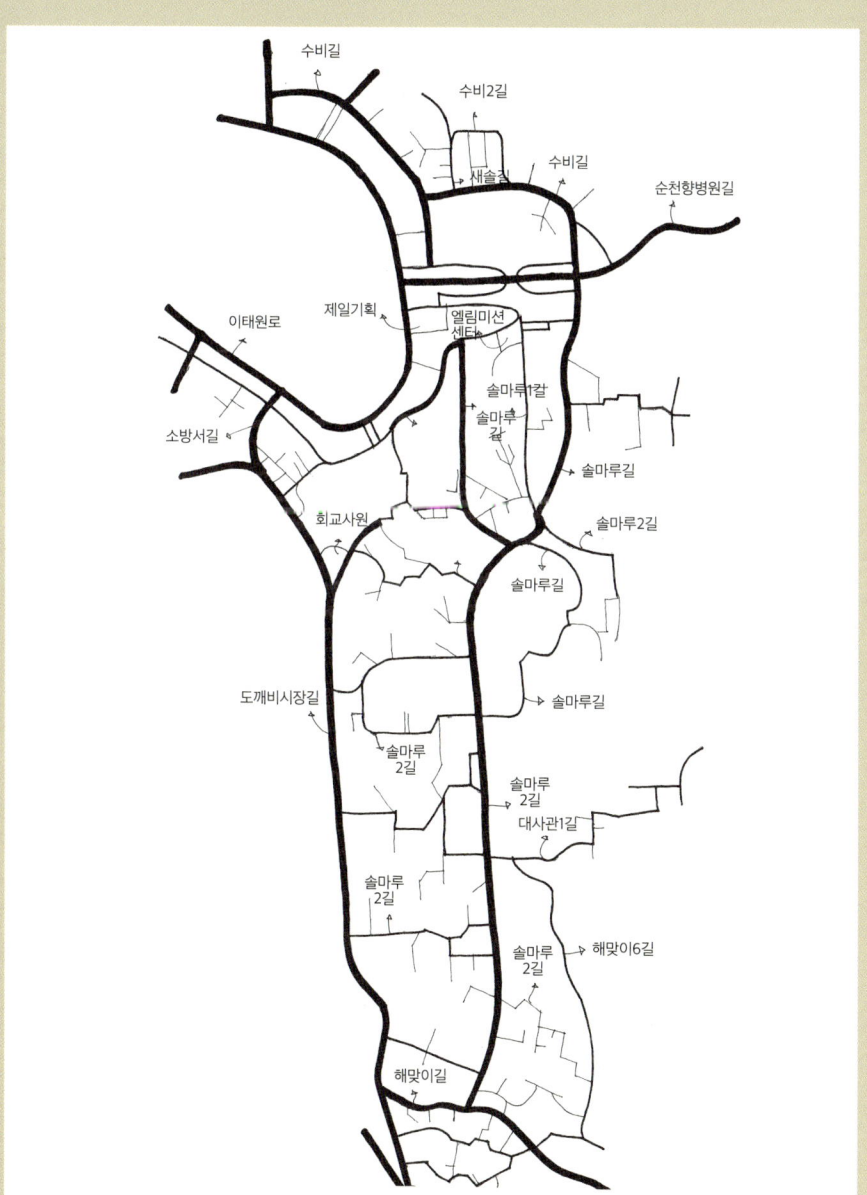

그림 9 | 이태원 길 얼개 지도

두 번째 켜의 길은 순천향병원길, 소방서길, 보광동길로 중간에 세 번 잘린다. 순천향병원길은 제일기획 앞에서 시작되어 순천향병원 앞을 지나 한남5거리까지 내려가는 길이다. 이 길은 구불대며 아래로 내려간다. 왕복2차로밖에 안 되지만 한남동과 이태원을 이어주는 찻길이다. 소방서길은 회교사원으로 올라가는 길로 미군들을 상대하는 윤락업소가 있는 지역이다. 보광동길은 이태원역에서 시작해서 보광동으로 내려가는 길이다. 이 세 길을 기준으로 수비길-솔마루길-이화시장길-버드나무길이 차례로 이어진다. 마치 종로의 대로변 이면에 피마길이 한 켜 더 있는 것과 같은 형국이다.

그림 10 | 이태원 솔마루2길. 뼈대길에서 갈라진 가짓길이 위쪽 뼈대길로 오른다.

이태원의 골목길 동네는 세 지역으로 나눌 수 있다. 첫 번째는 도깨비시장길과 솔마루2길을 따라 둘 사이에 길게 누운 지역으로 솔마루2길이 주요 길이다. 솔마루2길은 남쪽의 해맞이길에서 북쪽의 혜성마켓에 이르는 긴 거리를 이어지며 계속된다. 이 지역은 뼈대길-가짓길의 전형적 구성으로 솔마루2길을 뼈대 삼아 위아래로 갈라진다. 해맞이길에서 혜성마켓 사이에서만 아래쪽으로 일곱 갈래, 위쪽으로 열두 갈래의 길이 갈라진다.

가짓길의 운명은 제각각이다. 위

쪽으로 향하는 가짓길은 둘 중 하나로, 도깨비시장길까지 무사히 오르든지 아니면 막다른 골목으로 끝난다. 무사히 오르는 길이 아홉 갈래나 되니 구조가 비슷한 다른 동네에 비해 비율이 높다. 위쪽 능선 꼭대기에 시장이 형성된 특이한 구조 때문인데, 이 동네 사람들은 주로 도깨비시장에서 장을 본다. 돌아가지 않으려고 도깨비시장으로 직통 길을 여럿 뚫어놓았다(그림 10).

아래쪽으로 향하는 길은 모두 일곱 개인데 여정은 세 종류이다. 해맞이길 다음에 있는 세 갈래 길은 아래쪽에 있는 해맞이6길과 만난다. 그다음 하나는 여러 번 꺾이며 맨 아래 순천향병원길까지 이어진다. 마지막 세 길은 두 겹의 고릿길을 이룬다. 첫 번째 것은 좀 커서 고릿길이라 부르기도 어렵다. 구불구불 이어지다 아래에서 나머지 가짓길 둘과 다시 만나는 형국이다.

솔마루2길은 뼈대길이나 가짓길 모두 긴장감이 넘친다. 경사를 오르거나 내려가는 가짓길에 긴장감이 넘치는 것은 당연하지만 특이하게 뼈대길에도 긴장감이 넘친다. 긴장감은 길의 골격이 아닌 양옆 건물에서 나온다. 뼈대길은 찻길을 겸하여 폭이 넓고, 높이 변화도 없이 일자로 뻗은 평범한 길이다. 문제는 양

그림 11 | 이태원 솔마루2길. 뼈대길치고는 조형적 긴장감이 큰 편이다.

이태원 119

옆 건물들이다. 붉은 벽돌의 3, 4층 집이 연달아 서 있다(그림 11). 순천향병원길에서 갈라져 들어온 솔마루길을 따라오면 혜성마켓 앞 6거리가 나온다. 여기까지는 평범한 동네지만 혜성마켓을 돌고 나면 긴장감이 본격적으로 높아진다. 시뻘건 벽돌집이 세월의 때를 얹고 험한 인상을 드러낸다. 위아래로 갈라지는 가짓길이 연달아 나오며 긴장감을 높인다.

한남동과 이태원을 가르는 경계선은 해맞이길이다. 해맞이길을 따라 내려오다 보면 왼쪽의 동북 면에 1970년대 부자의 대명사인 2층 양옥집들이 많이 몰려 있다. 지금은 태국 대사관 등 외국 대사관이나 대사관저로 많이 개조되어 길 이름도 대사관길이다. 대사관길을 다 내려오면 순천향병원길이다.

두 번째는 첫 번째 지역의 오른쪽 지역으로 혜성마켓과 순천향병원길 사이다. 뼈대길의 구도가 깨지면서 다소 복잡한데 솔마루길과 솔마루1길이 주요 길이다. 이 두 길이 제일기획 옆동네 속을 복잡하게 가른다. 경계도 복잡해서 이태원로와 솔마루길이 위아래의 경계를 형성하고 소방서길, 도깨비시장길, 솔마루길, 순천향병원이 좌우의 경계를 형성한다. 이태원로 이면으로 솔마루길이 두 번째 켜를 이루며 평행하게 이어진다. 이태원로에서 솔마루길로 계단이 오르는데 경사도 급하고 단수도 많다.

계단길은 둘이다. 하나는 영화 〈인정사정 볼 것 없다〉의 도입부 살인 장면을 찍은 곳이다. 비지스의 〈Holyday〉가 흘러나오면서 빗물에 붉은 피가 물감을 탄 듯 번지던 장면으로, 넓고 급한 계단이 압권이다(그림 12). 중간에 한 번도 쉬지 않고 긴 거리를 오른다. 또다시 나오는 계단길은 좁고 급하다(그림 2). 중간에 몇 번 끊기는데 이태원로 쪽

두 마디는 붉은 타일로 바닥을 깔아 색조에 변화를 주었다.

속으로 들어가면 솔마루길과 솔마루1길이 여러 갈래로 갈라지며 불규칙한 길 구도를 이룬다. 규칙화해보면 세 겹의 솔마루길과 한 겹의 솔마루1길이 이태원로에 평행하게 네 겹의 동심원 방향길을 만든다. 이 사이를 구불구불한 길, 일직선길, 계단길 등이 잇는다. 사이사이에 막다른 길도 여럿 생긴다. 갈림길도 있고 살짝 어긋난 길도 있다. 공터도 있고 축대도 있다.

세 번째는 순천향병원길의 오른쪽 지역으로 수비길이 주요 길이다. 이 지역은 이태원로와 수비길 사이의 양자 관계만 형성하는 단순한 구도다. 수비길이 이태원로보다 낮기 때문에 이태원로에서 계단을 타고 내려온다. 두 번째 지역이 계단을 타고 오르던 것과 반대

그림 12 | 이태원 솔마루길. 이태원로와 솔마루길을 잇는 넓은 계단길이다.

다. 수비길도 안정된 동네를 형성하고 있지만 솔마루2길만큼 농축적이지는 못하다. 길 너비가 넓어서 차가 많이 다니고 길이도 충분하지 못하다. 아래쪽으로는 한남동의 외인아파트와 맞닿아 있어 호젓한 분위기가 방해를 받는다.

수비길에는 오래된 가게들이 많다. 촌스럽지만 인간적인 1970년대 간판들이 그대로 남아 있다. 고고하지도, 위압적이지도, 깔끔하지도 않은, 그래서 친근한 간판들이다. 수입 잡화, 쌀가게, 의상실, 목공소, 철물 전문점, 부동산, 세탁소, 슈퍼 등 서민 밀착형 업종들이 주를 이룬다(그림 13). '우일사 전기수리 전문점 출장가능' '미래 컴퓨터 크리닝 센터, 쎄무 무스탕 전문, 최신기계 자동시설' 등의 간판이 눈에 띈다. 풍물의 관점에서 과거를 보관하는 소중한 장면이다. 경제적 관점에서도 이런 가게는 불황에 내성이 강하다. 오토바이를 개조해서 만든 간이 삼륜차도 긴요한 교통수단으로 쓰이고 있으니 모두 세월의 흔적이라 할 만하다.

수비길에서 한강 쪽으로 더 내려가면 순천향병원이 나오는데 이 일대는 유명한 양옥 동네였다. 1970년대는 이태원 아랫동네로서 부촌 가운데 하나였고 군사독재 시절에는 양옥을 개조한 요정으로 유명한 동네였다. 1980년대부터 단국대 앞 대학촌 구실을 하면서 카페나 음식점으로 다시 바뀌기 시작해, 지금은 평범한 유흥가 모습을 하고 있다.

빨래, 평행갈래, 계단

솔마루길에서 골목길의 정취가 두드러지는 곳은 혜성마켓 앞에서 갈라지는 아래쪽 동네다. 이 길은 두 갈래로 갈라지는데 왼쪽 길은 푸른 풀이 눈에 띈다. 입구에서 보이는 한 집, 속으로 들어가서 또 한 집이 특히 그렇다. 속에 있는 집은 담 앞에 화분 여러 개를 나란히 놓았고 그 위로 빨래를 널었다. 빨래가 풀과 어울린 풍경 속으로 좀 더 들어가면 좁은 골목으로 된 막다른 길이 나온다. 입구는 좁은데 막힌 공간에 작은 공터가 있다.

오른쪽 길은 구불거리며 올라 위쪽의 솔마루2길로 이어진다. 입구에는 길과 평행한 방향으로 대문이 나 있다. 평행갈래다. 이런 구도는 안에서도 반복된다. 이번에는 계단이다. 계단은 길과 평행한 방향으로 나 있다. 집으로 들어가는 철제계단, 옥상으로 올라가는 철제계단, 테라스형 계단 등 종류도 여러 가지다(그림 14). 담과 건물은 추상

그림 13 | 이태원 수비길. 골목길 속 가게는 세월의 기록일 뿐 아니라 경제적으로도 중요한 역할을 한다.

그림 14 | 이태원 솔마루길. 본선과 평행한 방향으로 철계단이 한 겹 더 나 있다.(위)

그림 16 | 이태원 솔마루길. 축대 위 계단길이 율동감 있게 뻗어나가다 끝에서 꺾이며 속에 무언가를 감추고 있다.(아래)

면 단위를 이루는 장면으로 나타나고, 담 앞에 널어놓은 빨래도 건물과 잘 어울린다.

이태원로 바로 뒤편에도 솔마루길이 두 켜 더 있다(그림 15). 이 가운데 안쪽 켜의 축대길이 두드러지는데, 아래쪽의 솔마루1 길이 치고 올라오면서 만나는 지점에 두 종류의 축대길이 마주 보고 있다. 하나는 축대 아래 넓은 삼각형 공터가 특이하다. 삼각형의 꼭짓점에 해당되는 뾰쪽한 공간에 조그만 통로가 나 있다. 다른 하나는 이번에도 본선과 평행하게 가는 길로, 본선을 따라 오징어 다리 찢듯 계단이 또 하나의 길을 이룬다. 이번에는 길이가 제법 된다. 계단은 적당히 변화를 보이며 재미를 더하고, 길 끝에는 완전히 꺾인 방향으로 문이 나 있어서 아래에서 보면 문이 보이지 않는다. 무언가를 감춘 듯 호기심을 자극한다(그림 16).

솔마루1 길은 엘림 미션센터와 혜성마켓 사이에 난 길이다. 엘림 미션센터는 꽃이 무척 많다. 마당과 담 옆 모두를 온통 화분과 나무로 뒤덮어, 화려한 꽃과 푸른 풀이 가득하다. 앞의 솔마루길 골목과 함께 화분과 풀이 많은 길이다. 엘림 미션센터의 건물도 재미있는데 특히 뒷면이 그러하다. 벽돌과 축대가 어

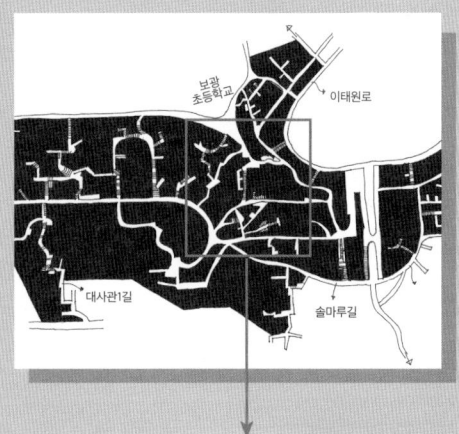
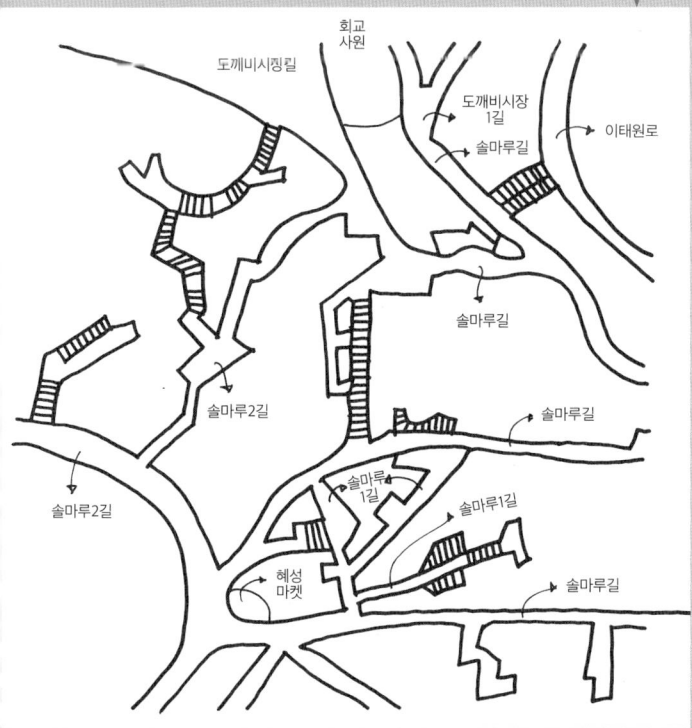

그림 15 | 이태원 솔마루길 일대 부분 확대 지도

그림 17 | 이태원 솔마루1길. 거친 표면질감이지만 이웃집 아저씨 같은 친숙한 모습이다.

우러진 거친 표면질감이 친숙함을 더해줘, 마치 동네에서 흔히 볼 수 있는 옆집 중년 아저씨의 주름지고 조금은 거칠해진 피부를 보는 것 같다. 그만큼 친숙한 인상이다. 평범한 일을 열심히 하고 살아와서, 나보다 잘난 것 없이, 딱 나만큼 동등하다는 확인에서 오는 그런 친숙함이다. 마침 오후 햇살을 잘 받는 방향으로 앉아서 이런 인상은 더 잘 드러난다(그림 17).

솔마루2길을 따라 나 있는 열아홉 갈래 가짓길은 골목길의 종합선물세트다. 골목길에서 볼 수 있는 장면들이 총망라되어 있다. 축대길은 당당하고 샛길은 호젓해, 확 트여서 거칠 것이 없다가 아늑하게 끌어당긴다. 야속하게 갈라졌다 반갑게 만난다. 이런 Y자형 갈림길은 휙 갈라서는 것보다 덜 야속하다. 다른 쪽 갈림길을 어렴풋이나마 훔

쳐볼 수 있기 때문이다. 지그재그로 방정맞게 꺾이다가 대범하게 확 꺾인다. 평행갈래도 빠질 수 없다. 솔마루길에서 본 다양한 종류가 유사하게 반복된다. 두 겹짜리도 있다. 뼈대길 따라 축대길이 한 번, 축대길 따라 계단이 또 한 번으로, 모두 세 갈래 길이 평행하게 달린다(그림 18).

계단도 다양하다. 탕탕하게 뻗다가 물결이 흘러내리듯 넘실대며 내려온다. 짧게 오를 때는 댓돌로 처리되어, 걸음마다 방향을 바꾸며 집으로 유인한다. 철제계단은 이현세의 만화 『공포의 외인구단』에 나오는 까치 혜성의 앞머리처럼 점점이 작은 조각이 급하게 돌아가며 원형 무늬를 만든다(그림 19). 좁은 골목 속으로 뱀이 기어가듯 슬그머니 사라져버린다. 한두 번 좌우로 흔들더니 휘리릭 사라지기도 하고 오래오래 다 보여주기도 한다. 공터에서는 우왕좌왕 산만하게 흩어진다.

계단은 위험할 수도 있다. 초로의 아저씨가 말을 걸어온다. 한남동에서 만난 아주머니랑 같은 질문이다.

"동사무소에서 나왔어요?"
"아니요. 골목길 사진 찍는 작가예요."
"아 그래요. 이 계단 좀 봐요. 이게 사람 다

그림 18 | 이태원 솔마루2길. 본선-축대길-철계단의 세 길이 같은 방향으로 나 있다. 세 겹의 평행갈래이다.(위)

그림 19 | 이태원 솔마루2길. 철계단의 각 단이 기하 놀이를 벌인다.(아래)

그림 20 | 이태원 솔마루2길. 갈림길을 막아서고 있는 수직 망루이다.(위)

그림 21 | 이태원 수비길. 빨래를 너는 엄마 옆에서 아이가 놀고 있다. 골목길에서 마주칠 수 있는 정겨운 장면 가운데 하나이다.(아래)

니는 길인지. 저 위에 가면 더해. 작년 겨울 눈 왔을 때 우리 마누라가 굴러서 다리가 부러졌어요. 정말이야. 동사무소에 얘기했어요. 근데 아직도 안 고쳐요. 알았다고만 하고 예산이 없대. 이거야 원……. 저 위쪽계단 꼭 보고 가요. 바로 저 위야."

길의 갈래도 여러 가지다. 평행선에 있는 문은 차갑게 보이고, 앞뒤로 거리를 둔 문은 뒤로 숨은 것 같다. 더 수줍은 집은 아주 깊이 숨는다. 막다른 길도 모자라 그 속에서 가지치기를 한 번 더해 깊디깊은 속을 만든다. 심하게 갈라져 좁은 골목 속에 5거리도 만들어진다. 하지만 갈라짐이 깊지는 않다. 고작해야 열 단짜리 계단, 짧으면 바로 문이다. 갈래가 많은 만큼 만남도 잦다. 골목길의 정석, 문 마주 보기도 빠질 수 없다. 문을 모아 마주 보았으니 사람 마음도 합쳐진다.

집 생김도 다양하다. 남의 집 생긴 것 보고 너무 이러쿵저러쿵해선 안 되지만, 그래도 과하다 싶을 때 절제하는 추상미에는 눈길을 주지 않을 수 없다. 추상미가 심심하면 면 중첩과 기하 충돌이 일어나서 조형거리를 만든다. 휨길의 은밀한 속살을 이루는 것도 집이요 축대를 딛고 나대는 것도 집이다. 동굴로 빨려

들어가기 전, 마지막 점검을 하는 수문장처럼 급한 수직비례로 우뚝 선 것도 집이다(그림 20). 뼈대길에서 갈라져 오르는 길이니 옥상의 활약이 두드러지는데, 망루 형식으로 전망만 확보한 집도 있고 하얏트 호텔의 검은 병풍을 마주 대하며 기개를 부린 집도 있다. 보통은 화분이 놓이고 빨래가 널리고 '인순이도 달았다'는 위성TV 안테나가 놓인다.

수비길에서도 새솔길 같은 몇 갈래의 골목길이 갈라져 나온다. 골목길 속은 햇빛이 비추는 각도에 따라서 그림자가 다양하게 변한다. 지역이 낮기 때문에 햇빛이 만들어내는 그림자가 잘 드러나는 것이다. 한남동의 남계천6길 같은 높은 지대의 햇빛과 다르다. 높은 지대의 햇빛이 구름과 바람을 부르며 하늘을 섬긴다면, 낮은 지대의 햇빛은 담을 감싸고 그림자를 놓아 땅을 어루만진다.

빨래도 거든다. 빨래는 골목길의 느릿한 시간 흐름과 잘 어울린다. 하루 종일 햇빛을 받으며 우두커니 서 있는 모습이, 그림자가 덧없이 스러지고 난 뒤의 섭섭함을 조금은 달래준다. 햇빛에게 받은 온기 덕분이다. 집 밖에 널어놓은 빨래를 걷는 엄마 옆에서 꼬마 아이가 놀고 있다(그림 21). 엄마는 담담해 보이고 꼬마는 행복해 보인다. 정겨운 모습이다. 이 모든 것은 집에서 느낄 수 있는 섬세하고 풍부한 감성 요소들이다. 골목길에는 아직 이런 것들이 살아 있다. 골목길의 깊이 있는 공간 구조가 이것을 가능하게 해준다.

이태원에 숨은 장면들

이태원 솔마루길 | 빨래는 분명 골목길에서 빠질 수 없는 주인이다. 빨래는 곧 사람이니 당연한 소리일 수 있다. 빨래가 주는 의미는 여럿인데 이 가운데 색과 무늬가 중요한 기능을 한다. 색과 무늬를 던져주는 방식도 여러 가지로, 활달한 디자인 요소는 골목길에 활기를 불어넣는다. 여기에서는 큰 면 단위를 이루면서 뒤쪽 건물의 추상적 분위기와 어울렸다. 밝은 회색 '세멘'이 바탕이요 그 위에 원색의 추상화를 그렸다.

이태원 솔마루2길 | 갈림길이다. 자세히 보면 5거리로, 본선에서 들어오는 길이 하나, 집으로 들어가는 문의 갈래가 둘, 계단길이 하나, 깊숙이 파고드는 길이 하나로 총 다섯이다. 좁은 골목에 옹기종기 어울려 사는 아주 작은 공동체의 골격이다. 계단을 보면 다섯 갈래 모두에 정성을 두었다. 문 하나에 하다못해 두 단의 댓돌이라도, 손바닥 만한 포켓 공간이라도 두었다. 보폭 하나의 작디작은 틈이지만 어디 하나 소홀함이 없다. 보폭 하나의 작은 조각도 소중히 다루는 섬세한 겸손이다.

이태원 솔마루2길 | 계단은 물결처럼 내려온다. 방향이 바뀌고 높이가 달라지는 환경 변화에 정성들여 맞장구를 쳤다. 물이 그러하듯 말이다. 물은 교만하지 않고 주변에 자신을 맞추니 '상선약수(上善若水)'라 했다. 계단도 주변에 맞추니 이에 흡사하다. 누가 옆에서 뭐라 하면 들은 체라도 해주는 친절이다. 계단의 단이 서로 다투지 않고 잘 어울려 걸음을 이롭게 한다. 어울림이 이러하니 율동도 다양하고 걸음은 즐겁다.

이태원 솔마루2길 | 갈림길은 추상 골격일 때 가장 또렷하다. 모서리는 날카롭고 꺾임은 확연해, 계단은 방향을 가르고 길의 과녁은 명쾌하다. 칼날 같지만은 않다. 창과 문은 반드시 뚫리는 법, 이들이 어울리는 구성미는 정갈하다. 갈림길 틈을 비집고 문 하나가 자리를 틀었다. 문 앞에는 널찍한 댓돌이 하나, 그 위로 한 뼘의 포켓 공간이 또 하나. 두 갈래를 세 갈래로 만들었다. 무뚝뚝한 사각형과 회색이 제법 흥을 낼 줄 안다.

이태원 솔마루2길 | 면 중첩이다. 거리는 무의미하다. 입면은 면 단위로 환원되고 이것들의 회화적 어울림이 관건이다. 벽돌, 회반죽, 유리, 축대의 네 가지는 주재료고 철문과 나무 선은 양념이다. 표면질감도 어울림의 중요한 요소다. 추상과 구상 사이다. 추상에서 구상으로 넘어가는 현대 회화의 흐름일 수도 있고, 둘 사이에서 일어나는 고민일 수도 있고, 둘 사이의 통합일 수도 있다.

이태원 솔마루2길 | 쓰레기 문제는 어느 골목길이나 가장 심각한 갈등이다. 그대로 읽어보자. "쓰레기는니네들집앞에처버려/이더러운인간/쓰레기같은것들아." 행여 떨어질까 테이프로 꽁꽁 붙여놓기까지 했다. 쓰레기 문제는 골목길의 불량환경을 유발하고 이것은 재개발을 합리화하는 중요한 요인이다. 골목길의 환경개선은 주민들의 자발적인 노력이 최우선이다.

후암동 종점, 두텁바위길, 신흥길

이 지역은 흔히 용산동이라 부르는 동네다. 용산이라는 이름은 친숙하지만 정작 그 뒤에 '동'자가 들어간 용산동이라는 이름은 서울에 오래 산 사람에게도 생소하게 들릴 수 있다. 정확히 어느 동네인지 찍어낼 수 있는 사람은 많지 않을 듯하다. 좀 친숙한 다른 동네 이름에 빗대어 소개하자면 후암동과 해방촌 사이의 남산 기슭에 있는 동네다. 위로는 남산순환도로, 즉 소월길이 지나고 아래쪽 끝 길은 용산고등학교에서 들어오는 찻길이다. 이 속에 생각지 않았던 오래된 골목길 동네가 숨어 있다(그림 1). 행정구역의 정식 명칭은 용산2가동이다.

용산2가동은 남산의 남쪽 기슭을 타고 앉았다(그림 2). 서울에서 가장 입지가 좋은 동네 가운데 하나로, 뒤로는 남산을 등지고 앞으로는 저 멀리 한강이 내려다보인다. 전형적인 배산임수인 동시에 기분 좋은 남향이다. 용산, 이태원, 한남동, 동부이촌동 등이 내려다보여 전망도 좋다. 위치를 잘 잡으면 멀리 강남도 일부 보인다. 소월길 남쪽 아래 기슭에 옹기종기 모여 사는 동네다. 소월길에서 남쪽으로 내려가면서 형성된 동네는 크게 넷으로 나눌 수 있는데, 가장 서쪽이 후암동이다. 여기에서 동쪽으로 가면서 용산2가동과 해방촌이 이어지고 마지막으로 이태원-한남동이 있다.

시내 쪽에서 들어오면 용산고등학교를 지나 속으로 더 들어와야 한다. 옛날 45번 버스 종점이 있는 로터리가 용산2가동의 아래쪽 시작 지점이다. 지금은 202번으로 바뀌었는데 태릉까지 가는 노선이다. 로터리는 후암동 종점인데 꽤 재미있는 곳이다. 용산고등학교 자체가 후미진 데 있기 때문에 거기서 더 들어가면 호젓한 막다른 길이 나오리라 생각하기 쉽다. 그런데 의외로 복잡한 저잣거리가 형성

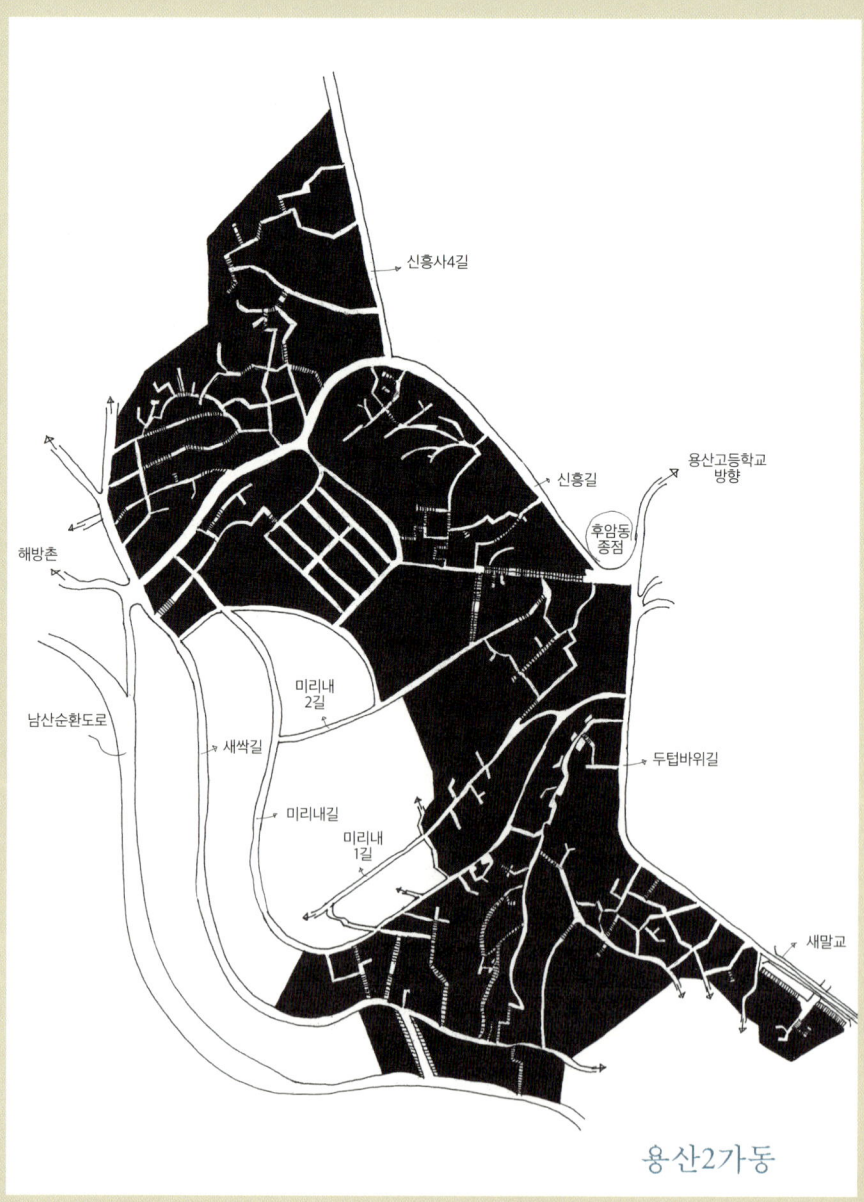

그림 1 | 용산2가동 전체 지도

그림 2 | 용산2가동 전경. 남산 기슭을 타고 앉아 서울의 주인이라는 의식이 강하다.

되어 있다. 교통량도 많아 택시가 무척 많이 다닌다. 202번 버스 이외에 마을버스도 다니고 자가용이나 오토바이도 쉴 새 없이 오간다.

후암동 종점은 로터리 형식의 교통광장으로 시내버스가 돌아 나갈 정도로 넓다. 이곳에서 갈라져 나가는 서너 갈래의 길로 많은 차들이 분주히 오간다. 차만 많은 것이 아니라 슈퍼마켓이나 분식점 같은 가게들도 몰려 있고 공중전화, 은행, 열쇠가게, 간단한 재래시장 등 편의시설도 있다. 이를테면 윗동네를 지원하는 아래쪽 저자거리의 중심인 셈이라 아침 일찍부터 밤 늦게까지 사람들로 북적인다. 택시가 많이 다니는 이유이기도 하다. 남영동이나 서울역까지 가는 단거리 손님들이 많기 때문이다.

후암동 종점은 5거리다. 용산고등학교로 나가는 시내 방향의 길,

후암동으로 건너가는 길, 남산으로 바로 올라가는 두텁바위길이 갈라진다. 다른 두 갈래는 해방촌으로 향하는 신흥길과 신흥1길이다. 두텁바위길을 따라 올라가면 남산국립도서관 근처까지 도달한다. 신흥길은 남산 기슭의 경사지를 따라 뱀처럼 크게 곡선을 그리며 올라가서 해방촌 입구에서 소월길과 만난다. 일부 택시기사들 사이엔 뱀처럼 휜 이 길을 달리면 하루 운수가 좋다는 미신이 퍼져 있다. 특히 이 길에서 손님을 태우면 더 그렇다고 하니, 이 깊은 속 길에 택시가 많이 다니는 또 다른 이유가 된다.

　용산2가동을 이루는 주요 골격은 새싹길, 두텁바위길, 신흥길이다. 새싹길은 위쪽 윤곽을, 두텁바위길은 왼쪽 윤곽을, 신흥길은 아래쪽과 오른쪽 윤곽을 각각 형성한다. 이 세 길은 용산2가동을 지원

그림 3 | 용산2가동 미리내길. 장독대에 화분을 세워 난간을 만들었다.

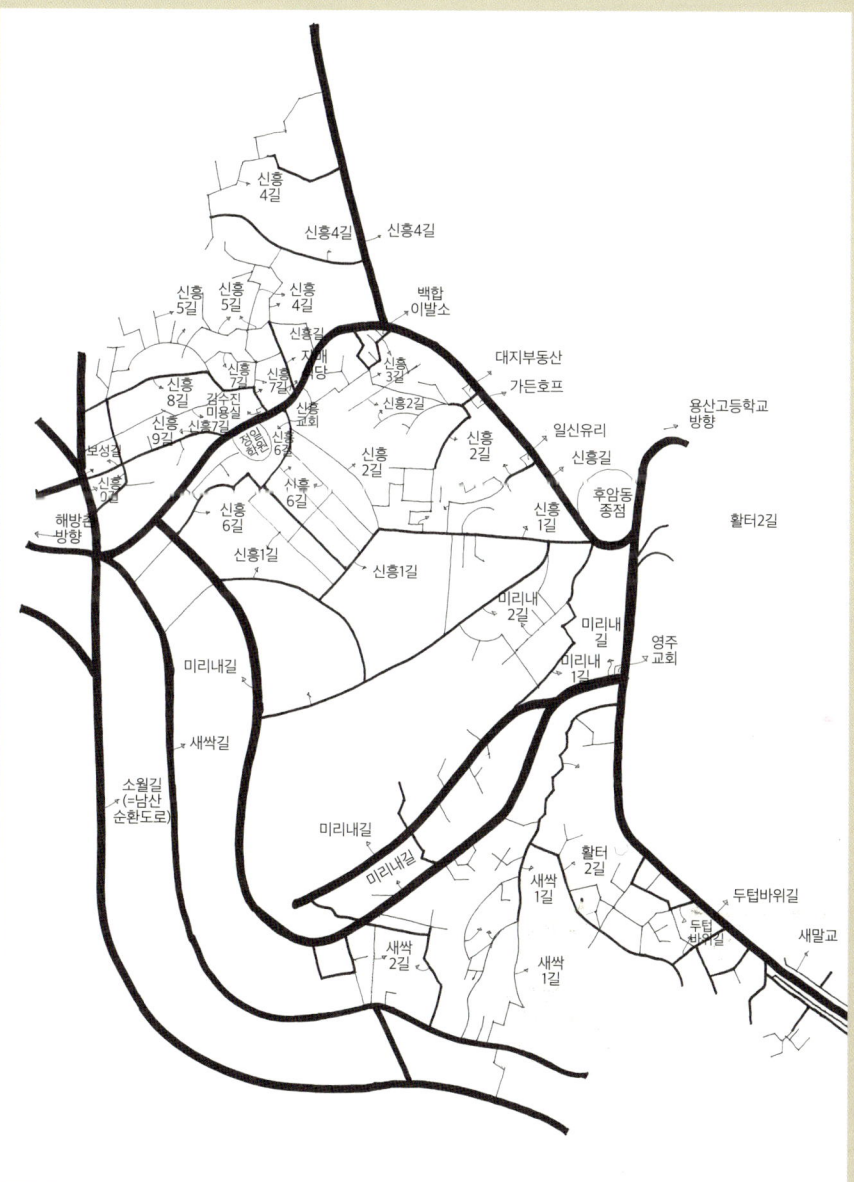

그림 4 | 용산2가동 길 얼개 지도

하는 일종의 뼈대길로, 새싹길 시리즈와 미리내길 시리즈는 속을 가르는 주요 길이다. 이 가운데 미리내길 시리즈는 다세대주택과 연립주택으로 개조되어서 골목길 분위기는 사라지고 없으나 여전히 동네의 윤곽을 이루는 기능을 하고 있다. 미리내1길에는 좌우로 짧게 가지 친 길들이 아주 희미하게나마 옛날 골목길의 기억을 간직하고 있다(그림 3). 오래된 골목길은 새싹길 시리즈와 신흥길 시리즈 속에 남아 있다. 용산2가동은 두텁바위길, 미리내1길, 신흥길을 중심으로 세 지역으로 나눌 수 있다(그림 4).

첫 번째는 두텁바위길과 미리내1길 사이의 동네로 새싹길 시리즈와 미리내길이 주요 길이다. 두텁바위길은 후암동 종점에서 시작해서 중간에 한 번 크게 휜다. 휘기 전의 길에서는 활터2길과 미리내길이 갈라져 남산 기슭을 따라 올라간다. 활터2길은 기슭 중간쯤에서 새싹1길을 갈라놓는다. 새싹1길은 위쪽의 넓은 새싹길까지 오르는데 중간에 쥐어짜는 것 같은 좁은 새싹길을 한 번 갈라놓는다. 위쪽의 넓은 새싹길에서 거꾸로 보면 일곱 개의 갈림길이 아래를 향해 갈라져 내려간다(그림 5). 앞에 얘기한 새싹1길에서 올라오는 길이 네

그림 5 | 용산2가동 새싹길. 남산 기슭의 지형 때문에 계단길은 생활공간이 된다.

갈래고 미리내길과 이어지는 길이 세 갈래다. 휘고 난 다음에는 다섯 개의 길이 차례대로 갈라져 나와 속에서 몇 번 꺾인 뒤 더 이어져 활터2길과 만난다. 다섯 갈래 길 다음에는 새말교라는 다리를 건너고, 새말교 아래에 작은 동네가 하나 더 형성되어 있다.

두 번째는 미리내1길과 신흥길 사이의 동네로 미리내2길, 신흥1길-신흥3길, 신흥6길이 주요 길이다. 이 지역은 신흥1길을 중심으로 한 번 더 나눌 수 있다. 신흥1길은 속 동네를 가로질러 신흥길과 위쪽에서 만난다. 신흥1길은 후암동 종점에서 계단길로 시작하는데 계단은 너비도 넓고 단수도 많아 단연 압권이다(그림 6). 계단길의 위쪽에서는 몇 개의 길이 갈라져 나가는데 이 가운데 일부는 막다른 골목이고, 나머지 일부는 다른 길들과 이어지는 실길들이다. 계단길은

그림 6 | 용산2가동 신흥1길. 쭉 뻗은 계단이 압권이다.

일직선으로 쭉 뻗어 꽤 깊은 속까지 파고들다 몇 번을 꺾으며 더 올라가서 신흥길과 만난다.

신흥1길의 왼쪽은 미리내2길이 주요 길이다. 신흥1길의 아래쪽 일부에 옛날 골목길이 남아 있을 뿐 위로 올라가면서 다세대주택과 연립주택으로 개조되었고 길도 넓어졌다. 신흥1길의 오른쪽은 신흥2길, 신흥3길, 신흥6길로 이루어진다. 이 지역에서는 단연 신흥2길이 골목길의 정수를 보여준다. 신흥길 쪽에 가까운 부분은 미로처럼 복잡한데 신흥2길이 이것을 이루고 있다. 신흥길에서 두 번 갈라져 들어온 뒤 속에서 다시 여러 번 갈라진다. 모두 다 해서 최소한 열 갈래 이상으로 길이 갈라진다. 이것들을 합친 전체 길이도 제법 된다. 속 동네에서는 일직선으로 뻗는데 신흥3길은 상대적으로 짧다. 백합이발소 옆에서 갈라져 들어와 중간에 네다섯 갈래 정도로 깊은 속까지 일직선으로 파고든다. 위쪽 깊숙한 곳에는 바둑판 길이 만들어져 있다. 바둑판 길은 정일학원 앞에서 신흥6길을 타고 들어오면서 시작되고 반대편은 신흥1길이 외곽 윤곽을 이룬다. 바둑판 길은 다세대주택촌으로 오래된 집 여러 채를 밀어버리고 부분개발을 했다. 아래쪽 신흥2길의 미로와 묘한 대조를 이룬다.

세 번째는 신흥길의 오른쪽 바깥 동네로 신흥4길, 신흥5길, 신흥7길-신흥 9길이 주요 길이다. 이 지역은 골목길 특유의 정취가 두드러진다. 신흥길이 서쪽의, 신흥4길이 남쪽의, 보성길이 북쪽의 경계선을 각각 이루며 뼈대길의 역할을 한다. 이 뼈대길에서 가짓길이 쳐 들어오는데, 신흥길에서는 네 갈래, 신흥4길에서는 세 갈래, 보성길에서는 네 갈래로 길이 각각 갈라진다. 신흥4길의 가짓길은 길게 뻗어 올라오며 약한 격자구도를 만든다. 격자이긴 하되 많이 일그러졌

그림 7 | 용산2가동 신흥4길. 골목길 속 갈림길이다.

다. 보성길의 가짓길은 다시 길게 뻗어 내려오는데, 일자 구도가 중간의 격자구도를 위아래에서 감싸는 형국이다. 이것들이 어우러진 전체 구도는 언뜻 단순하면서도 은근히 복잡한 양면성을 갖는다(그림 7). 거뜬히 빠져나갈 자신을 잃지 않으면서도 일부러 복잡한 미로를 즐길 수 있다.

남산과 방사선 길

　용산2가동의 특징은 단연 남산이라는 지형 환경에서 찾을 수 있다. 용산2가동의 길 얼개는 위쪽의 남산을 향해서 열심히 오르는 구도로, 골목길과 집 사이사이로 남산 봉우리와 남산타워가 보인다. 동네 사람들도 남산을 강하게 인식하고 있다. 동네의 특성이 반영된 이러한 경향은 골목길의 건축적 특징과 재개발 문제 두 가지로 나누어 생각해볼 수 있다.

건축적 특징은 역동적이고 긴장감 넘치는 골목길 골격에서 찾을 수 있다. 새싹길, 새싹1길, 새싹2길 등이 남산의 정점을 향해 방사선 방향으로 나 있는 점이 가장 두드러진다. 일반적으로 얘기해서 산기슭에 있는 동네는 정상부 정점을 기준으로 했을 때 방사선 방향과 동심원 방향의 두 가지 길이 교차하면서 이루어지는 것이 보통이다. 물론 이것은 다분히 기능적인 이유가 크다. 길이란 것이 가능한 한 많은 집을 거쳐 가야 하고 요즘은 차도 다닐 수 있어야 한다. 경사지에서 이것을 해결하는 가장 좋은 방법이 방사선과 동심원 방향의 길로 얼개를 짜는 것이다. 능선에 지어진 서울 시내의 주요 골목길 동네는 대부분 이런 구도로 이루어져 있다.

용산2가동은 좀 특이하다. 일부는 이런 구조이긴 하다. 위쪽에서부터 소월길-새싹길-미리내길이 층을 이루며 차례대로 동심원 방향으로 가로지른다. 그러나 정작 오래된 골목길이 남아 있는 동네는 이런 공식이 맞지 않

그림 8 | 용산2가동 새싹길. 180도 꺾여 남산 윗길로 오른다. (위)

그림 9 | 용산2가동 새싹2길. 남산 기슭의 급한 경사를 따라 오르는 방사선길이다. (아래)

는다. 주요 길은 정점을 향해 오르는 방사선 방향으로 나 있고 그 사이사이를 거미줄처럼 실길들이 이어준다. 꽤 긴 거리가 차가 못 들어가는 좁은 골목길로 이루어져 있다. 좁게 보면 새싹길, 새싹1길, 새싹2길에 해당하는 여섯 갈래의 길이 이런 식으로 촘촘한 갈래를 이룬다(그림 8). 이 길들은 용산2가동 골목길의 하이라이트를 이룬다. 어쩔 수 없이 계단이 주요 교통수단이다.

　넓게 보면 미리내길 시리즈와 신흥길 시리즈도 같은 방식이다. 이것들까지 합치면 모두 스무 갈래 정도의 길이 정상부를 향한 방사선 형태를 취하고 있다. 마치 난자를 향해 돌진해가는 정자들의 모습이다. 그만큼 길이 급하고 역동적이다. 이런 길들은 대개 중간에 동심원 방향의 길을 만나 한숨 돌리게 되어 있다. 이것들도 하나의 길이요 긴 여정이라고 봤을 때 중간에 만들어진 일종의 휴게소인 셈이다. 그런데 여기에서는 그렇지 않다. 중간에 휴식 없이 좁고 긴 길이 구불구불 위쪽 정상부의 새싹길까지 여러 갈래 이어진다(그림 9). 경사가 급하기 때문에 일직선으로 오르지 못하고, 두 번 세 번 직각으로 꺾이며 오르는 데 필요한 길이를 번다.

　꺾임은 시선과 방향을 급하게 바꾸며 긴장감을 높인다. 시선을 올려보는 지점에 2, 3층짜리 집이라도 서 있을라치면 긴장감은 극에 달한다. 머릿속 인지지도는 복잡해진다. 전체 지도를 놓고 보면 길 구도는 비교적 간단한 편인데도 이에 비해 인지지도는 복잡하게 나온다. 세부적으로 들어가면 꺾임이 많기 때문이다. 방사선 방향과 동심원 방향이 함께 얽힌 격자구도가 인지를 돕는 데 유리한 구도인데 여기에서는 동심원 방향의 길이 없다. 그 대신 방사선 방향의 길 속에 형성된 여러 종류의 급하고 긴장감 넘치는 장면들이 교차하며 역

동성이라는 하나의 큰 이미지를 만든다(그림 10).

남산에 대한 인식이 동네 사람들을 통해 표면으로 드러나는 것은 주로 재개발과 관련해서다. 남산 때문에 재개발에 대한 기대는 일찌감치 포기한 상태다. 그럼에도 가끔씩 강한 기대를 보이는 사람을 만날 수 있었다. 새싹2길에서는 젊은 자매가 수리업자와 함께 직접 집수리를 하며 대화를 나누고 있었다.

"집 많이 지어봐서 이런 일은 잘 해요. 부수는 게 짓는 것보다 더 어려워……."

그러다가 지도 그리는 나를 보자 대뜸 기대 섞인 얼굴로 구청에서 나왔냐고 묻는다. 골목길 연구하는 사람이라고 하자 깔깔깔 웃는다. 이 지역은 남산 아래라서 집을 못 올리고 그냥 이대로 계속 살아야 된다고 했다.

신흥3길의 깊은 골목에서 만난 할머니는 평소 재개발에 대한 기대를 많이 하고 살았는지 오래된 골목길의 문제점을 조목조목 외우고 있다. 길이 좁아서 불나면 불자동차도 못 들어온다. 집이 오래돼서 난방비가 많이 든다. 동네가 지저분하다

그림 10 | 용산2가동 새싹길. 좁은 틈이라도 애써 파고들어 계단을 놓았다. 한 단이라도 더 놓으려는 정성이 살아 있다.(왼쪽)

그림 11 | 용산2가동 신흥5길. 담과 바닥을 새로 단장하고 하수도를 고치면 골목길도 살 만하다.(오른쪽)

등등. 그러면서 무슨 소문 들은 거라도 있냐며 은근슬쩍 떠본다. 없다고 하자, 이 동네는 남산 아래라서 아파트 재개발은 힘들고 나중에 공원으로 개발되면 보상금이나 받아서 나갈 기대를 하고 있다고 했다. 용산 미8군이 나가면 그 부지를 공원으로 만든다는 계획을 말하는 것 같았다. 그러면서 벌써 저 아래 무슨 박 뭔지 하는 큰 집을 하나 지었다고 했다. 얼마 전에 문 연 국립박물관을 의미하는 것 같았다.

드물긴 하지만 남산 기슭에 산다는 것 자체를 자랑스럽게 여기는 사람도 있었다. 신흥5길에서 담소하던 두 아주머니는 자기네 골목길 자랑을 했다. 서울 시내 어디를 가도 이제 이런 골목길은 안 남아 있을 거라며 골동품 자랑하듯 했다. 건축 전공자처럼 골목길의 공간적 우수함을 짚어내지는 못했지만, 동네 아주머니들이 집 앞에 모여 앉아 담소하는 다정스러운 모습이나 주고받는 이런저런 얘기 속에는 골목길의 의미를 정의해줄 수 있는 키워드 같은 단서들이 있었다. 이런 골목길이 남아 있을 수 있는 것은 남산 아래에 있기 때문에 가능한 일이라고 했다. 작년엔가 구청에서 바닥도 새로 만들고 하수도도 고쳐줘서 살 만하다고 했다(그림 11). 이 아주머니들도 언젠가는 자기네 동네가 남산 공원으로 개발될 거라면서 그래도 자기들은 여기서 그냥 살았으면 좋겠다고 했다. 공원으로 개발하면 보상금 받아서 저 아래 삼각지에 새로 지은 아파트로 이사해야 하는데 관리비가 비싸서 도저히 못 산다며, 그러면 결국 서울 근교나 집값과 관리비가 싼 어딘가로 나가야 되는데 남산 아래 서울 시내 한복판에서 살던 사람들한테는 반가운 일일 리 없다. 경치도 좋고 생활비도 적게 들고 정부에서 동네도 고쳐줘서 깨끗해졌고, 오랫동안 같이 살아온 정다운 이웃도 있는 현재의 상태가 그대로 유지되기를 간절히 바라고 있었다.

특히 남산 기슭에 산다는 자부심이 꽤 큰 것 같았다. 산동네라고 다 같은 산동네가 아니라는 논리다. 산의 급수에 따라 산기슭도 등급이 정해지는데, 서울 시내에서야 남산이 단연 최고봉이니 그 기슭을 차지하고 앉은 이곳이 산동네 가운데 지존인 셈이다.

구성미, 면 중첩, ㄷ자형 꺾임

활터2길은 길을 넓혀 전체 골격에 손을 많이 댔다. 그 중간에 옛날 집이 파편처럼 박혀 있다. 넓어진 길에 2, 3층으로 올라간 다세대주택과 대비되는 옛날 집들은 추상 분위기를 유지하고 있다. 낮고 아담

그림 12 | 용산2가동 활터2길. 회색 '세멘' 벽과 문 두 개와 창 하나가 자칫 지루하기 쉬운 긴 면에 율동감 있는 구성미를 만들었다.

한 매스 단위로 분절된 친근한 추상이다. 회색 '세멘'이 주재료임에도 추상은 차가움으로 나타나지 않고 서정적인 추억을 불러일으킨다 (그림 12). 여기 하나, 저기 하나 마지못해 뚫려 있는 문은 꼭 필요한 데 있으면서 추상의 절제미를 돕는다. 서로 적당히 어울리는 구성미와 절제미는 보는 재미를 더한다.

두텁바위길에 있는 새말교 아랫동네는 별스럽다. 이 동네의 특징은 계단으로, 긴 계단이 새말교와 아래를 잇는다. 좌우 양쪽에서 두

그림 13 | 용산2가동 두텁바위길. 새말교 아랫동네의 계단 변화가 극적이다.(왼쪽)
그림 14 | 용산2가동 신흥2길. 골목길이 위쪽의 면 중첩을 배경으로 보기 좋게 휘어 있다.(오른쪽)

개가 마주보고 있다. 동네로 내려오면 중간의 뼈대길 양옆에 작은 동네가 하나 더 있다. 계단은 속 동네에서도 중요한 건축 어휘로, 뼈대길 왼쪽 동네로 오르는 길이 된다. 뼈대길에 나란하게 하나, 직각으로 하나. 길이는 짧지만 전체 구도에 절묘한 변화와 율동을 만들어낸다(그림 13). 새말교 계단까지 합치면 네 개의 길고 짧은 계단길이 이 작은 동네 하나를 활기차게 만든다.

　다리 아랫동네라 햇빛에 대한 애정도 각별하다. 해가 부족하기 때문인지 햇빛을 애절하게 붙잡아두고 싶어 한다. 새말교 위쪽 계단길 입구에 해바라기를 심어놓았다. 사람 키보다 훌쩍 큰 해바라기는 방긋거리며, 큰 얼굴을 계단 중간까지 들이밀어 사람을 맞는다. 빨래도 빠질 수 없다. 이 집 저 집에서 집 안마당과 바깥 공터에 빨래를 널었다. 원래 빨래와 밝은 햇살은 짝꿍으로 붙어 다니는 법인데 이 동네에서 그 사실을 가장 잘 실감할 수 있다.

　다리 아랫동네를 지나 좀 더 위로 올라가면 삼영이발소가 나온다. 1960년대 집 모습이 그대로 남아 있어서 카메라를 들이댔는데 주인아주머니가 문을 열고 나온다. 실례했다고 말하려는데 반갑게 말을 건다. 왜 사진을 찍느냐, 옛날 모습을 남기고 싶다, 아 그러냐, 반갑다, 잘 왔다, 우리 집이 딱 그런 집이다, 안으로 들어와 안도 찍어라. 괜찮겠느냐, 그럼 괜찮다. 이런 말들이 오가며 발걸음은 자연스럽게 안으로 향했다. 이발소 안에는 동네 어르신 두세 분이 모여 있고 주인아저씨가 손님 한 명의 머리를 깎고 있다. 주인아저씨도 주인아주머니만큼 활달하다. 옛날 이발소 풍경 그대로다. 이발소는 옛날 풍물 사진을 찍는 사람들이 선호하는 소재로 영화 배경에도 종종 등장한다.

　신흥길은 찻길과 가짓길의 두 단계로 이루어진다. 찻길은 용산

2가동 전체의 주요 골격을 이루며 뼈대길 역할을 한다. 가로변에는 옛날 가게들이 예전 모습 그대로 남아 있고, 이 뼈대길에서 가짓길이 갈라져 들어온다. 가짓길은 깊이 들어오지 않는다. 조금 들어오다 미리내2길이나 신흥3길 같은 안쪽 길들과 만난다. 그 와중에도 꺾임이 멋지다. 축대도 거느리고 갈림길도 있다. 골목길 안 생활소품도 눈에 띈다.

신흥2길은 세 단계로 나뉜다. 신흥길에서 갈라져 들어온 초입은 복잡한 갈림길인데, 나뭇가지 치듯 두 번 세 번 연거푸 갈라진다. 중간은 직선길로 완전 일자는 아니다. 엄하게 뻗긴 하지만 중간에 완만하게 휘거나 지그재그 거리는 변화가 재미있다(그림 14). 마지막은 급한 오름길로, 경사가 갑자기 심해지면서 오름에 필요한 길이를 확보하기 위해 길이 여러 번 꺾인다. ㄴ자형 길과 ㄷ자형 길이 여러 번 겹치고, 갈림길과 꺾임길이 합쳐지면서 급박한 긴장감이 감돈다(그림 15). 꺾임 마디에는 급한 수직 형태의 건물들이 수문장처럼 버티고 있다(그림 16). 길 뒤로 급한 경사를 따라 집들이 수직으로 중첩되어, 건물의 면과 면이 만나는 형태를 이룬다. 건물들의 전면이 2차원 면으로 환원되어 중첩되면서 추상회화가 그려진다. 골목길에서 나타나는 추상미를 엿볼 수 있는 장면이다. 마냥 급하지만은 않다. 꺾임이 끝날 즈음 나무가 많은 친절한 집을 만난다. 집을 온통 나무와 풀이 감싸고 있다. 평지에 내려온 평온함을 확인시켜준다.

신흥4길과 신흥5길은 정갈한 재래성이 특징이다. 1950~60년대 골목길이 용케도 살아남았다. 최근에 개선사업을 벌여 많이 깨끗해졌는데 다행히 옛날 골격은 건드리지 않고 잘 남겨두었다. 좁고 내밀한 정취를 그대로 간직한 골목길은 폭과 높이가 친절한 휴먼 스케일을 유지하고 있다. 뻗다 갈라지는 양상이 옛날식 그대로다. 지루해질 만하면 갈라지고 급하다 싶으면 쉬어간다. 갈래와 꺾임이 충분히 재미있고 또한 적절하다. ㄷ자형 꺾임의 반복으로 볼 수도 있고 찌그러진 격자형으로 볼 수도 있다. 집 역시 도시형 한옥과 서민형 주택이 주종이다. 모두 1950~60년대에 가장 많이 지어진 유형으로 추상과 구성미가 두드러진다(그림 17). 가난했기에 절제할 수밖에 없었고 그래서 오히려 정갈하고 소담하게 나타난 아름다움이다. 골목과 집의 골격이 이

그림 15 | 용산2가동 신흥2길. 급하게 꺾이며 'ㄴ'자형 길과 'ㄷ'자형 길을 만든다.(왼쪽)
그림 16 | 용산2가동 신흥2길. 급한 꺾임 계단길에서 마주치는 수직 망루는 해학적이다 (오른쪽)

그림 17 | 용산2가동 신흥4길. 풍물성과 추상미가 돋보인다.

그림 19 | 용산2가동 새싹길. 급한 수직 비례는 자궁 속처럼 쥐어짜는 공간을 만든다.

러하니 차가운 시멘트도 포근하게 느껴진다.

새싹길 시리즈는 급한 경사의 마지막 오름을 담당하는 길들이다(그림 18). 그만큼 급한 긴장감이 대표적 특징으로, 남산 기슭에 위치한 용산2가동만의 특징을 이루는 곳이기도 하다. 단연 압권은 새싹1길에서 갈라져 올라가는 새싹길이다. 경사가 급하고 폭이 좁고 직각 이상의 예각으로 꺾이는 공간이다. 남산의 급한 경사를 살리다 보니 쥐어짜듯 만들어진 곳이다(그림 10). 이 마디는 대단히 독립적인 공간으로 아래에서 올려다보면 도저히 길이 이어질 것 같아 보이지 않는다. 골목 통로는 집의 일부가 되었다. 통행량이 적어서 마디 하나가 이를테면 언덕에 지은 연립주택 단위처럼 되었다. 맨 위에는 구름다리도 만들어져 있다. 경사가 급해 정상적인 방식으로는 맨 위층에 오를 수 없기 때문이다(그림 19).

이 길을 빠져나가면 아래에서 올라오는 본선을 다시 만난다. 즉 이 길은 고릿길인 셈이다. 본선은 새싹길과 새싹1길로 갈라지는데, 두 길 모두 위쪽의 동심원 방향 길인 새싹길로 오르는 마지막 부분이다. 중간에 테라스형 공간이 부분적으로 만들어져 있다.

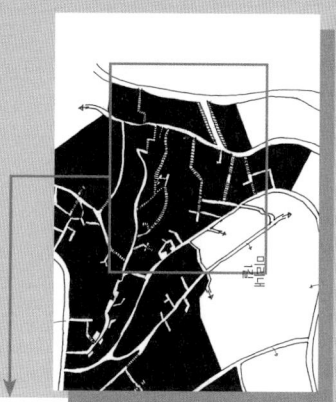

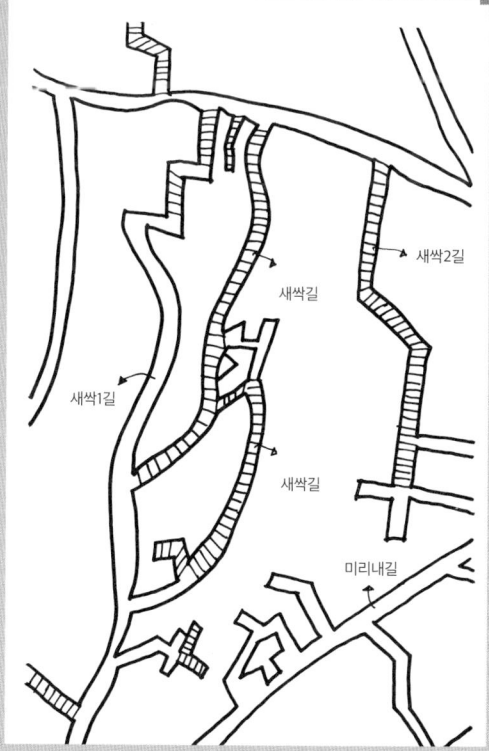

그림 18 | 용산2가동 새싹길 일대 부분 확대 지도

그림 20 | 용산2가동 새싹길. 계단길 옆의 공터와 옥상이 어우러지며 급한 계단길에 숨통을 튼다.

공터와 옥상이 어우러지고 계단 앞 포켓 공간의 활용도 높다(그림 20). 경사를 따라 평지 면적을 확보해, 빨래가 널리고 장독이 놓인다. 화분이 풀을 담고 꽃을 피운다. 급한 경사는 면 중첩에도 영향을 끼친다. 새싹1길에서 위를 올려다보면 집들이 수직으로 중첩하는 양상이 면 중첩을 지나 기하학적 충돌로까지 나아간다. 추상과 구성미도 마찬가지로, 마지막 경계선을 지키는 범위 내에서 사선과 어긋남이 나타난다. 사각형을 버리고 서로 충돌한다.

부분개발과 미리내길 할머니

미리내길 위쪽은 다세대주택과 연립주택 촌이다. 오래된 서민주택 몇 채를 모아 새집으로 개조했다. 부분적 개조인 셈으로 전면적 아파트 재개발이 되지 않는 지역에서 행하는 개발방식이다. 이 동네는 남산 아래이기 때문에 어차피 고층아파트가 들어서기는 힘든 상황이니 부분개발이 하나의 대안일 수 있다. 이런 현상은 골목길 일부에서 어렵지 않게 만날 수 있다. 그러나 부분개발은 문제점도 많다. 이해 당사자들끼리 충돌이 일어날 때 적당한 선에서 타협이 이루어지기도 하지만 일방적으로 피해를 입는 사람도 생긴다.

미리내길 앞에서 만난 할머니가 그랬다. 사진 찍는 나를 보고 신경이 날카로워져서 대뜸 누구냐, 왜 사진을 찍느냐고 묻는다. 골목길 연구하는 사진작가라고 하자 잠시 생각에 잠긴다. 나중에 생각해보니 자신의 억울한 사연을 하소연할 만한 사람인지 가늠해본 듯하다. 약간의 실망감이 스쳐가는 듯했지만 그래도 안 하는 것보다는 낫다고 생각했는지, 내 소매를 끌고 뒤로 돌아가서 집 뒤편을 보여주며 하소연을 털어놓기 시작한다.

"길 낸다고 집을 잘랐어. 이거 봐 이거, 이러니 집이 제대로 서 있겠어. 여기에서 받쳐줘야 되는데 이걸 잘랐어. 저 계단 좀 봐. 어떻게 저럴 수 있어(그림 21). 집이 기울었어. 자려고 누우면 밤마다 우지직거려, 문도 어긋나서 안 닫혀, 천장도 내려왔어. 구청 주택과 놈이 이렇게 만들었어. 내가 못 자른다고 버티니까 경찰 데려다 밀어버리고 자르라고 하면서 눈을 부라렸어. 그놈 데려다 집 찌그러진 거 보여줬더니 올 사월인가 다른 곳으로 도망을 가버렸어. 새 놈이 왔는데 와서 보고 가더니 아무 말도 없어. 근데 몰래 와서 보고 가고 그래. 한번은 내가 붙잡고 어떻게 할 거냐고 그랬더니 그놈 말이 먼저 놈이 다 해쳐먹고 도망갔대. 뭘 해처먹었다는 건지 모르겠어. 내가 오장육부가 다 터지고 심장병에 걸렸어. 딸이랑 같이 살았는데 나 혼자 죽으려고 딸 내보냈어. 자다가 집 무너지면 나 혼자 죽으면 돼. 그래서 낮에도 이렇게 밖으로 돌아다니는 거야. 무섭기도 하고 속에서 불이 나서 화식히려구. 누구를 믿고 살아. 길 낸다고 멀쩡한 집을 이 지경으로 만들어놨는데 말이야. 내 서방이 서른여섯에 죽었는데 그때보다 지금이 더 가슴이 아파. 심장병이 다 생겼어."

재차 뭐하는 사람이냐고 묻는다.

"저는 할머니 도울 힘은 없는 사람이에요. 개인적으로 책 쓰는 사람이에요. 사진 찍어서 책에다 써드릴 수는 있어요. 책이나 잘 팔려서 사람들이 많이 읽으면 또 어떻게 될지 모를까……"

"아니…… 많이 팔리구 뭐구…… 나만 이런 게 아니라 다른 곳에서도 길 낸다고 여럿 죽이고들 있어. 그거라도 막았으면 좋겠어. 집이 기울고 벽에 금이 가서 비만 오면 물이 들어와. 쥐도 열다섯 마리나 잡았어. 공무원이 사람 죽이는 놈들이야. 새파랗게 아무것도 모르는 게 길만 내면 단 줄 알아. 길도 잘 낸 게 아니야. 저번에는 차가 굴러서 저 아래 전봇대 받아서 닷새 동안이나 공사했어. 이렇게 해놓고 몇 년 있다 길 또 낸대. 공무원들이란 게 와서 죄 쑤셔만 놓고 가니……"

끝내 눈시울을 붉히신다. 분명 문제는 문제다. 집은 삶의 터전이다. 이런 오래된 골목길의 주민은 대부분 한국전쟁 이후부터 눌러앉아 사는 사람들이다. 보통 20~30년 이상씩 산 사람들이다. 쓰러질 것 같은 판잣집이건 번듯한 양옥집이건 다 같은 터전이다. 삶의 터전이 하루아침에 망가지니 누군들 속이 안 터지랴. 대단위 아파트 재개발이 벌어질 때는 그야말로 엄청난 전쟁을 치른다. 다 편하게 잘 살자고 하는 건데 왜 이래야 하는지 모르겠다. 다수의 동의를 명분 삼아 강제철거를 밀어붙이지만 나머지 소수는 어떻게 할 것이며, 그 다수도 모두 자발적으로 동의했다고 보기 어려운 측면이 많은 것 또한 사실이다. 상당수가 협박과 회유에 못 이겨 동의한다는 건 공공연한 비밀 아닌가.

그림 21 | 용산2가동 미리내길. 할머니의 가슴을 쥐어뜯은 문제의 장면이다.

용산2가동에 숨은 장면들

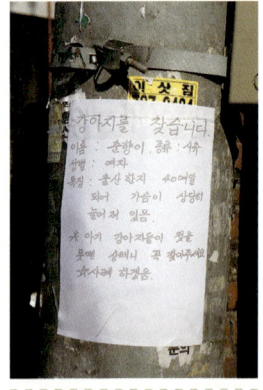

용산2가동 신흥길 | 전봇대에 방이 붙었다. 개를 애타게 찾는 내용이다. "강아지를 찾습니다. 이름: 춘향이. 종류: 시츄. 성별: 여자. 특징: 출산한 지 40여일 되어 가슴이 상당히 늘어져 있음. *아기 강아지들이 젖을 못 뗀 상태니 꼭 찾아주세요. ☆사례하겠음. Tel. xxx-xxxx-xxxx." 속 타는 개 주인한테는 다소 미안하지만 이런 방은 골목길 여행에서 오아시스를 만난 것처럼 즐거운 미소를 자아낸다.

용산2가동 신흥3길 | 색조 분위기가 독특하다. 다다 분위기에 온기를 입혔다. '세멘'의 무채색과 노랑, 연두의 원색이 어울리는 비법이다. 측은하기도 하고 은은하기도 하고 차분하기도 하고 고답적이기도 하다. 그러나 가장 두드러진 분위기는 '센티멘털'이다. 힘든 달동네 생활을 버텨보려고 원색을 찾은 것 같다. 막다른 깊은 속에서 한 줄기 인공색이 희미한 빛을 발한다.

용산2가동 두텁바위길 | 계단 입구에 해바라기가 얼굴을 내밀고 반갑게 웃으며 맞는다. 다리 아래 동네이니 햇빛이 그리웠을 것이고 그 그리움을 해바라기와 함께 나눴다. 삭막한 콘크리트 계단에 미소를 뿌렸다. 팍팍한 일자 계단에 작은 쉼표를 하나 찍었다. 동네사람들의 감수성과 인심을 읽을 수 있다. 이보다 더 좋은 문지기는 없을 것 같다.

용산2가동 신흥5길 | 장갑을 말리고 있다. 다양한 이미지가 연상된다. 은하수가 쏟아지는 것 같고, 여러 사람이 손뼉을 치는 것 같다. 별사탕을 뿌려 놓은 것 같고, 사람들이 어울려 악수를 하는 것 같다. 어장에서 오징어를 말리는 것 같은가 하면, 사람 손을 잘라 놓은 것 같다. 무언가를 간절히 바라며 손을 벌리고 있는 것도 같다.

용산2가동 미리내길 | 뼈대 계단길에서 동시에 두 집으로 갈라진다. 좁은 계단이라 엉덩이를 비빌 틈이 없을 것 같다. 다툼이 일어날 법한데 지혜를 발휘해 절묘하게 풀었다. 작은 포켓 공간을 만들어 서로 조금씩 양보해 마주 본다. 기막힌 어울림이다. 문이 모이니 마음도 모일 것이고 이웃은 사촌이 될 것이다. 포켓 공간 덕분에 쓰레기통을 놓을 작은 숨통도 트였다.

용산2가동 새싹2길 | 창의 방향을 보아야 한다. 위아래 층이 15도 정도 어긋났다. 아래 창은 길을 향해 아는 체를 한다. 길의 눈높이에 맞춰 길과 가장 가깝게 소통한다. 두드리기만 하면 금방이라도 친한 친구가 튀어나올 것 같다. 위의 창은 짐짓 뒷짐 지고 먼 산을 바라본다. 저 아래 무슨 풍경이 펼쳐질지 상상이 간다. 15도만 어긋났는데도 경사지에서 나올 수 있는 두 방향 모두를 취했다. 경사지의 미세한 흐름에 섬세하게 반응한다.

안산과 서소문 사이

안산이라는 산이 있다. 서대문구 사는 사람들한테는 친숙한 산으로 독립문에서 보면 서쪽 위에 비교적 높게 솟았다. 동네 야산치고는 높은 편인 안산은 북한산이 시내 방향으로 흘러내려오다 서쪽으로 솟아오른 마지막 큰 봉우리다. 안산에서 잠시 기를 모은 뒤 다시 여러 방향으로 계속 흘러 내려간다. 안산의 아랫자락은 특이하게 대학교들과 맞닿아 있다. 서쪽으로 내려가면 연세대 뒷산으로 이어지고 남쪽으로는 이화여대와 경기대로 이어진다. 경기대로 이어진 흐름은 쉽게 끊어지지 않고 능선을 이루는데 이 능선을 따라 아담한 골목길 동네가 펼쳐진다.

능선은 남쪽으로 긴 거리를 달려 아현 삼거리에서 끝난다. 더 내려가면 아현동과 마포를 지나 한강까지 이어지는 흐름이다. 능선의 왼쪽, 즉 동쪽 경사는 충정로 방향이고 오른쪽 경사는 이화여대 쪽 능선 방향이다. 두 능선 사이 골짜기에는 찻길이 나 있다. 아현역에서 봉원사로 넘어가는 찻길로, 여기를 기준으로 경기대 쪽 능선이 북아현1동이고 이화여대 쪽 능선이 북아현2동이다. 경기대 인근은 북아현3동이다.

옛날 골목길의 정취는 북아현1동에 더 많이 남아 있다(그림 1). 북아현2동은 다세대주택이나 연립주택으로 부분개발을 많이 해서 골목길은 거의 사라지고 없다. 북아현1동도 골짜기 찻길에 가까운 평지 쪽은 같은 상황이다. 골목길은 북아현1동의 경사지와 꼭대기 능선에 남아 있는데(그림 2) 골목길 동네도 더디긴 하지만 부분개발이 조금씩 시작되고 있다. 새 건물이 아래쪽에서부터 밀고 올라온다. 그래도 아직은 골목길 구조가 망가지지 않고 잘 남아 있는 편이다.

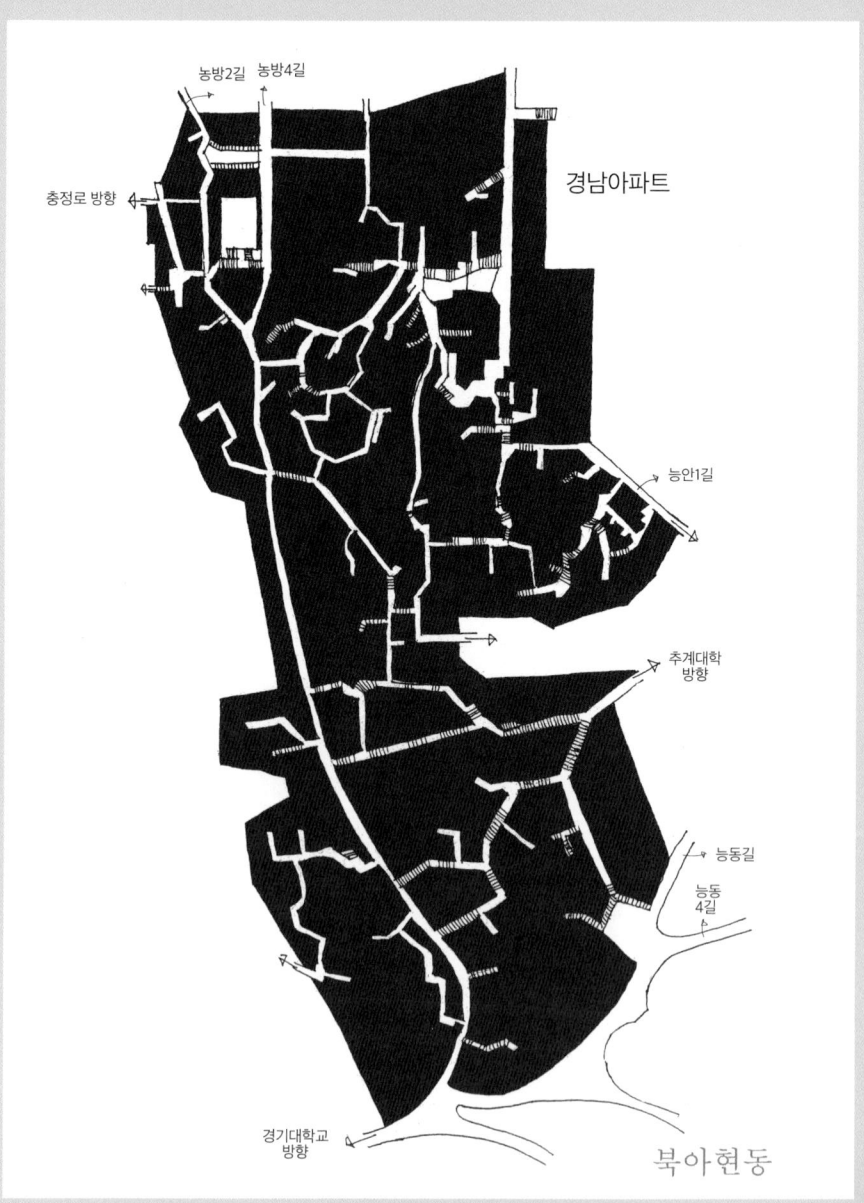

그림 1 | 북아현동 전체 지도.

그림 2 | 북아현동 전경. 오른쪽 위에 이화여대가 시작되어 안산으로 이어진다.

　북아현3동은 부촌에 속한다. 큰 집도 제법 있고 고급 빌라도 있다. 정치인 이기택이나 포스코 박태준 명예회장 자택도 북아현3동에 있다. 일정한 세력이 있는 정치인일 때 그 본거지를 자택의 동명으로 부른 적이 있었다. 동교동과 상도동이 대표적인 예다. 북아현동도 이에는 못 미치지만 그래도 이기택이나 박태준이 대통령이 되려고 한창 활동할 때는 주요 정치세력을 지칭하는 이름 가운데 하나로 제법 언론에 오르내렸다.
　북아현동은 서울 전체의 능선 흐름에서 중요한 중간 지점에 해당한다. 안산이 완만하게 흘러내리다가 마포-만리동-청파동으로 갈라져 한강까지 이어지는 흐름의 중간 마디를 담당한다. 시내에서 보면 서소문로와 관계가 깊다. 우선 지리적으로 서소문을 지나 들어오는 동네로, 서소문로가 충정로를 지나면서 남쪽의 아현동과 북쪽의 북아현동을 가른다. 동명의 유래는 이러하다. 조선시대에는 아이 시체가 서소문을 통과해서 나가게 되어 있었는데, '아이 시체가 넘는 고개'라는 뜻에서 아현동이란 이름이 생겼다는 설이 있다.

아현동과 북아현동은 일제 강점기 때 사대문 밖에 조선 사람들이 모여 살던 동네 가운데 하나였다. 일본 사람 동네이던 청파동을 저 멀리 마주 대하고 있다. 그래서인지 도시형 한옥이 많았던 동네로, 지금은 주로 해방 이후에 지어진 그런 한옥들이 부분적으로 남아 있다. 가회동, 정릉, 돈암동처럼 한옥촌이던 동네를 제외하면 옛날 한옥이 많이 남아 있는 동네에 속한다. 한옥은 위쪽의 골목길 동네보다는 아래쪽 개조된 동네 쪽에 주로 있다. 다세대주택 사이사이에 점점이 박혀서 지붕의 처마곡선을 활짝 드리운다.

재개발과 근대성

북아현동은 이처럼 부자 동네와 서민 동네, 평지와 경사, 도시형 한옥과 다세대주택, 연립주택과 골목길 등이 혼재된 동네다. 청파동도 이와 유사한데, 일본 사람 동네였기 때문에 혼재가 더 심하다. 혼재는 재개발에 대한 고민으로 나타난다. 청파동은 동네 특성으로 볼 때 재개발은 일찌감치 포기한 상태고, 북아현동은 한때 동네 내 갈등이 심했다가 지금은 좀 잠잠해진 편이다. 큰돈 들여서 다세대로 새로 올린 아랫동네에서는 반대가 심한 반면, 불량주택이 많은 윗동네는 찬성이 많다. 그러나 윗동네에서도 다시 찬반이 갈려 심하게 싸운 흔적이 골목길 군데군데에 남아 있다.

담벼락 이곳저곳에 재개발 투표를 하라는 안내문과 자신의 결백을 호소하는 대자보를 붙인 흔적이 아직도 어지럽게 남아 있다(그림 3). 실은 나도 얼마 전까지 이 동네에 살았기 때문에 궁금하기도 했다. 금화장2길에서 만난 아주머니한테 물어보았다.

"저도 저 아래 경남아파트 사는 사람이에요. 여기는 재개발 안 한대요? 얼마 전에 뉴타운 지구로 선정됐다고 추진 위원횐가 하는 곳에서 전화 왔었어요."

"저 아래까지만 하고 여기는 잘 모르겠어요. 가구거리부터 한다지요, 아마? 되면야 좋지만 그거 해봐야 알지. 골치 아파요. 싸우기도 엄청 싸워요. 여기도 재작년인가 추진하다가 뭐를 속였네 어쨌네 하면서 엄청나게 싸웠어요. 그러다가 쏙 들어가버렸지. 어유, 우리 같은 사람은 그냥 조용히 사는 게 더 편하지 그렇게까지 할 필요가 있나……."

다음 날 능안2길에서 하수도 공사 현장을 마주쳤다. 어제 재개발과 관련해서 들은 말이 생각나서 다시 말을 걸어보았다. 아주머니들이 들려주는 얘기에는 재개발을 하지 않고도 살 수 있는 대안이 들어

그림 3 | 북아현동 능동3길. 햇빛이 들고 화분에 꽃이 피고 아이들이 뛰어노는 가운데 벽에는 재개발과 관련된 대자보가 어지럽게 붙어 있다.

있다.

"얼마 전에 골목 바닥 고치고 하수도도 새로 했어요. 그랬더니 훨씬 살 만해요. 냄새도 안 나고 물도 잘 내려가고."

둘러보니 정말 그랬다. 골목길은 시멘트를 바르고 보도블록을 깐지 몇 년 안 되어서도 아직도 깨끗했고 하수도 잘 흘러나갔다(그림 4). 집 앞에 화분이라도 내어놓으면 골목길은 더욱 활기가 솟았다. 용산2가동에서 비슷한 예를 본 적이 있는데 그곳 아주머니들도 같은 말을 했다.

몇 집이 합쳐서 다세대나 연립으로 만들어 세라도 놓으면 계속 살 수 있을 만하다. 공사비가 문제인데 몇 집을 합치면 전체 평수가 늘기 때문에 여기에서 공사비가 상당 부분 충당된다. 일종의 필지 단위별 소규모 재개발인 셈이다. 골목길과 상하수도 정비 같은 인프라들은 공공자금으로 정부에서 해주면 된다. 실제로 정부는 전국의 달동네 개조사업에 2조원의 예산을 책정했다. 재개발을 하지 않는 동네의 환경을 개선하겠다는 의도다.

오래된 골목길에는 나름의 동네 전통이라는 것이 있다. 소규모 재개발을 하면 이런 것들을 지킬 수 있

그림 4 | 북아현동 능동3길. 바닥과 담을 단장하고 하수도 정리를 하면 골목길의 불량성은 상당 부분 개선된다.

나. 20~30년 이상씩 같이 살아온 사람들 사이의 연대감이나 공동체 의식 같은 것일 수도 있다. 골목 안 여러 작은 가게들을 중심으로 그들만의 경제도 돌아간다. 아기자기한 조형 환경도 마찬가지로 분명히 근대성의 중요한 요소들이다. 본래 참된 의미의 근대성이란 이런 것들을 지워버리자는 것은 아니었다. 그런데 지금 우리 사회에서는 이런 것들을 하루아침에 싹 밀어버리고 새 아파트로 짓는 것만이 선진화로 가는 길이고 근대화를 상징하는 것으로 받아들여지고 있다(그림 5).

도시의 골목길은 한국인 스스로 일구기 시작한 최초의 근대라

그림 5 | 북아현동 전경. 아파트와 골목길 동네는 한국 사회에서 중요한 건축적 화두이다

는 의미를 갖는다. 일제 강점기까지의 근대화는 외세가 주도했고 해방 이후는 군사독재에 의한 압축 근대화로 요약된다. 두 시기 모두 근대화는 곧 서양화를 의미했다. 이것은 대단히 잘못된 인식이다. 그런데도 우리는 아직 이런 잘못된 인식에 얽매여 우리가 살아온 터전의 기록을 지우고 있다. 문제는 돈이다. 지금 우리의 아파트 재개발은 단순히 사는 집을 더 짓자는 것이 아니라 투기라고 해도 과장이 아니다. 이것을 합리화하려고 근대화, 선진화, 경제 활성화라는 명분을 끌어들이고 있다.

물론 산업문명이 근대화의 요체임에 틀림없고, 이런 근대화가 서양에서 먼저 시작한 것임을 생각할 때 근대화가 서양화를 의미하는 것은 일정 부분 사실이다. 하지만 이때의 근대화는 방법론 차원의 의미다. 근대화를 결과물로 인식하면 얘기는 달라진다. 산업화된 기계문명이라는 근대화의 방식이 사회 구조, 인간사적 인프라, 도시 구조, 일상생활, 조형 환경 등 구체적인 실생활의 단계와 매체에 적용되어 운용된 결과가 반드시 서양화로 나타날 필요는 없다. 이것은 지역주의 혹은 개별적 정체성의 개념일 수 있다. 한마디로 안방에서 마지막으

그림 6 | 북아현동 금화장2길. 골목길은 엄연한 한국인들의 생활터전으로 서양식 산업화의 대상일 수 없다.

로 결론지어지는 근대화에는 한국적 정체성의 내용이 상당 부분 나타날 수밖에 없다(그림 6).

골목길도 이와 동일한 개념으로 이해할 수 있다. 골목길에 나타난 건축적, 공간적 주제들은 한국의 전통건축과 전통 공간이 근대기를 거치며 한국적 정체성으로 체화된 결과다. 일제 강점기까지의 근대기에서는 서양 건물이 통째로 수입되었다. 완성도는 높았지만 우리의 진정한 근대적 양식은 아니었다. 구체적 결과물에 한국적 정체성이 전혀 반영되지 않은 강제 이식에 지나지 않았다. 우리의 상황에 적용되고 적응하는 과정을 전혀 거치지 않은 단순한 장소 이동이었다.

그림 7 | 북아현동 능안1길. 골목길에는 귀납성이라는 우리만의 공간의식이 반영되어 있다.

반면 골목길은 이런 과정을 거쳐 얻어진 우리만의 결과물이다. 골목길이 형성된 시기는 한국전쟁 이후로 이 시기에는 진정한 의미의 근대화가 처음 시작되었다. 가난하고 암울한 시절이었지만, 우리 스스로 주인이 되어 우리만의 근대적 문명을 이끌기 시작했다는 점에서 중요한 의미를 띤다. 이후의 근대화 과정은 두 갈래로 파악될 수 있다. 하나는 독재 정치권력이 이끈 압축적 근대화요, 다른 하나는 이름 없는 일반 서민들이 실생활의 차원에서 경험과 시행착오를 거친 끝에 이룬

그림 8 | 북아현동 호반1길. 골목길에는 어울림이라는 우리만의 공동체 의식이 반영되어 있다.

사실적 근대화다.

　골목길은 후자를 대표한다. 고향에 두고 온, 선대로부터 물려받은, 아직 기억에 남아 있는 경험적 사실체로서 전통 공간이 근대화로 변환되어 이식된 결과다. 능선의 고갯길과 구릉의 경사지를 따라 10~20년 안팎의 시간을 두고 수백 수천 세대가 다닥다닥 몰려 살게 되었다. 싸우기도 하고 타협하기도 하면서 어깨를 맞대고 옹기종기 몰려 살게 되었다(그림 7). 거대담론의 강박관념에서 자유로운 일반 서민들이 주체가 되면서 한국 전통 공간의 기본 방향은 그대로 지켜질 수 있었다.

　한국의 골목길에는 군집성, 귀납성, 공동체 의식으로 대표되는 한국의 전통 공간이 그대로 나타났다. 골목길은 한국전쟁 이후 다수의

그림 9 | 북아현동 능동3길. 갈림길과 군집성을 보여주는 골목길.

사람들이 동산의 맨땅 위에 모여 살면서 자유롭게, 자기들끼리, 스스로 주인이 되어, 자기들만의 공간개념과 조형의식으로 만든 기록이자 증거다(그림 8). 이것은 한강의 기적을 이룬 압축 근대화와 똑같은 의미와 중요성을 띤다. 바로 이것이 골목길이 갖는 근대성의 의미다. 우리는 이 문제를 한 번도 진지하게 고민하고 논의한 적이 거의 없었다. 골목길은 근대성을 가로막는 전근대적 잔재이기 때문에 철거되어야 할 대상으로만 인식되었다.

한국의 골목길이 갖는 근대성의 의미는 유럽의 골목길과 비교해보면 잘 알 수 있다. 유럽의 골목길은 중세 때부터 있던 것이 계속 이어진 것이다. 보존의 의미는 있지만 근대성의 의미는 없다. 유럽은 근대가 시작된 이후 골목길을 만들어본 경험이 없다. 유럽의 골목길은 옛날 집에서 계속 사는 것일 뿐 근대적 고민의 내용이 들어 있지 못하다. 공간이 주체가 되고 사람은 객체가 되어 공간에 사람이 맞춘 것이다. 반면 한국의 골목길은 근대기 이후에 형성된 것으로 근대성의 고민이 반영된 결과다. 사람이 주체가 되어 공간을 만든 결과며, 중세성의 단순 보존이 아니라 중세성을 능동적으로 연장하고 새롭게 만들어낸 근대성의 결과다(그림 9).

황토색 문과 고릿길

북아현동 골목길은 능선 꼭대기의 금화장2길을 뼈대 삼아 아래로 갈라져 내려온다(그림 10). 능선이 높지 않기 때문에 방사선-동심원의 규칙적 얼개는 형성되어 있지 않다. 중간에 능안2길이 동심원 방향으로 나 있긴 하지만 한남동에서와 같은 구도는 아니다. 차도 못 다닐

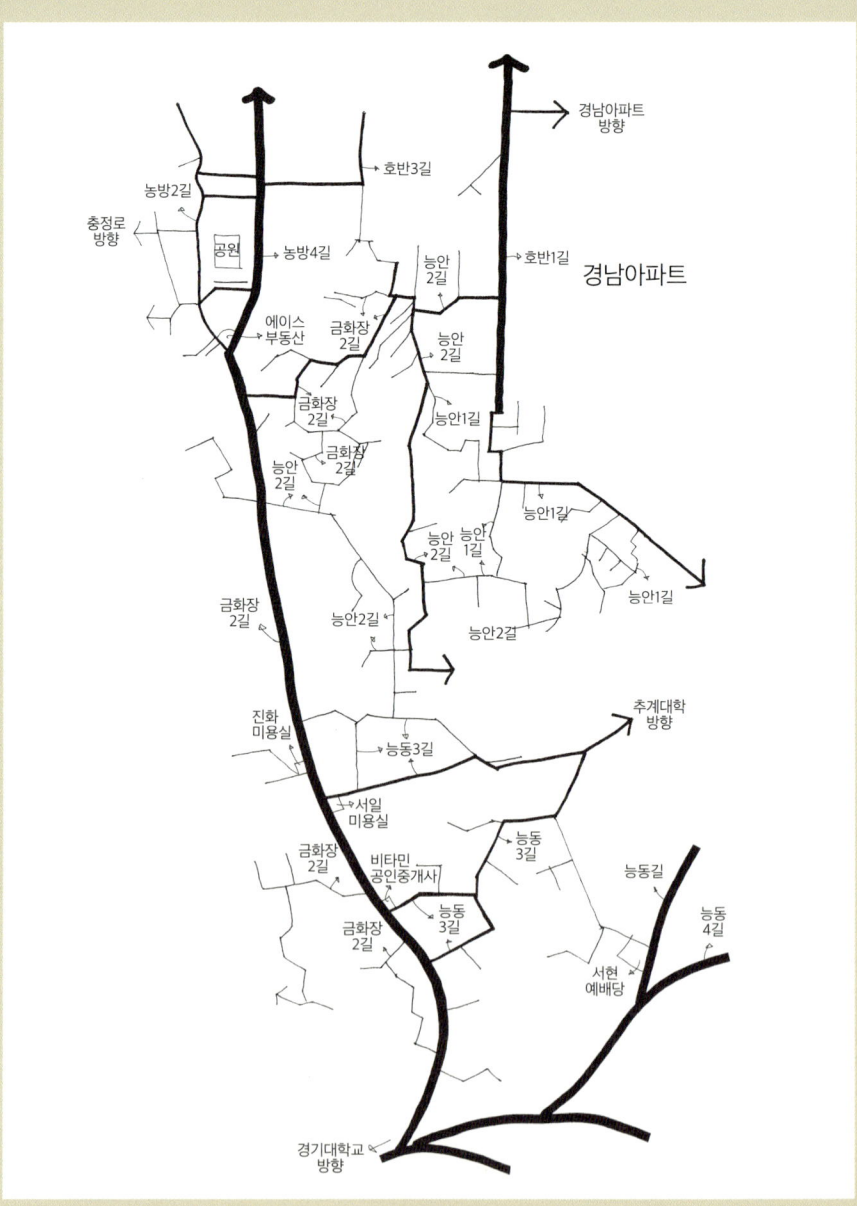

그림 10 | 북아현동 길 얼개 지도.

뿐 아니라 길이도 짧다. 가짓길을 하나도 거느리지 못하기 때문에 뼈대길의 역할을 하는 것도 아니다. 능안2길 정도가 동심원 길의 전부고 나머지는 지형과 옆집에 맞춰 자유롭게 경사를 가르고 지나간다.

　북아현동 골목길의 대표적인 특징은 짧은 꺾임이 많다는 것이다. 꺾임이 짧다 보니 중심길과 보조길 사이의 위계가 형성되어 있지않다. 모든 길은 동등하다. 길의 위계가 만들어내는 최소한의 규칙성도 없다. 공기놀이 할 때 공기알을 뿌려놓은 것 같다. 머릿속 인지지도가 쉽게 그려지지 않는다. 그러나 안내자는 있다. 문이다. 이 동네에는 오래된 짙은 황토색 나무문이 많다. 형상과 크기는 달라도 재료는 나무고 색은 황토색이다. 나무문에 붉은색이나 초록색을 칠해놓은 문도 있지만 황토색이 압도적으로 많다(그림 11). 문틀도 나무가 많고

그림 11 | 북아현동 능동3길. 황토색 문이 빨래판과 삽과 화분을 거느리고 동네를 대표한다.

역시 황토색으로 칠했다. 이런 문들 자체가 세월의 흔적을 말해주는 재미있는 장면들이다. 골목길 어귀를 돌 때마다 몇십 년 된 나무문을 만난다는 것은 분명 색다른 경험이다. 나무로 만든 대문은 요즘 보기 드문 옛날 풍물이다. 한 동네에 이런 문들이 색을 통일해서 칠해져 있다는 것이 특이하다.

문은 나아가 길 안내자 역할도 함께 해, 인지지도를 그릴 때 중요한 분기점이 된다. 불규칙한 골목길을 인지할 때 사람들은 분기점을 기준으로 나누어 기억을 한다. 분기점마다 작은 랜드마크를 두고 이것을 기준 삼아 골목길 전체를 일

그림 12 | 북아현동 금화장2길. 추상성 강한 길의 윤곽은 감추기를 돋보이게 한다.

정 마디로 나누어 기억하는 것이다. 랜드마크가 적절하게 만들어져 있으면 인지지도는 잘 그려진다. 이런 동네는 길이 복잡하더라도 자연스럽게 길을 파악할 수 있다. 북아현동에서는 황토색 문들이 분기점의 랜드마크 기능을 한다. 문을 기준으로 어느 쪽으로 갈라지면 어느 길로 연결되는지 파악하게 된다.

북아현동 골목길은 세 지역으로 나눌 수 있다. 첫 번째는 능선 꼭대기의 금화장2길을 따라 난 갈림길들이다. 금화장2길은 경기대 위쪽 마을버스 정류장 네거리에서 갈라져 들어온 뒤 긴 거리를 구불거

그림 13 | 북아현동 농방2길. 금화장2길은 농방2길과 농방4길로 갈라진다.

리며 능선 꼭대기를 타고 이어진다. 이 길을 뼈대 삼아 아홉 개의 가짓길이 북아현동 쪽으로 갈라져 내려온다. 이 가운데 셋은 막힌 길이고 여섯은 아랫동네로 이어진다. 여섯 갈래 길은 경기대 쪽부터 차례대로 넷은 능동3길이고 나머지는 능안2길과 금화장2길이다. 충정로 방향으로는 다섯 갈래로 길이 갈라지는데(그림 12), 이 가운데 하나만 아래로 내려가고 나머지는 대부분 막다른 길이다.

첫 번째 지역의 길 구도는 독특하다. 금화장2길을 제외한 나머지 다섯 갈림길은 저 아래에서 하나로 합쳐져 추계대학 방향으로 내려간다. 위에서는 긴 거리와 넓은 각도에 걸쳐 퍼져서 시작했다가 내려오면서 점점 거리와 각도를 좁혀 합쳐진다. 합쳐지는 중간에서 꺾임과 만남이 일어나고 그 사이사이에서는 막다른 길이 갈라져간다. 마치 산 위에서 여러 시냇물이 시작된 뒤 아래의 큰 계곡으로 점점 모여드는 것과 유사하다.

두 번째는 농방2길과 농방4길 일대 지역이다. 이 두 길은 금화장2길에서 갈라진 길들로 모두 능선 꼭대기를 타고 달린다. 금화장2길이 이어지다가 에이스부동산 앞에서부터 꼭대기 부분이 넓어지면서 둘로 갈라진 것이다(그림 13). 그러나 두 길 사이에 높이 차이가 있어서 농방2길이 더 높다. 이들은 계단으로 연결되고, 나란히 달리며 그 사이에 집과 놀이터를 채워넣는다.

세 번째는 아래쪽의 경남아파트와 위쪽의 금화장2길 사이 지역으로 능안1길, 능안2길, 금화장2길이 주요 길들이다. 이 지역은 골목길의 다양한 유형을 모아놓은 점이 두드러진다. 가장 독특한 부분은 고릿길 두 개가 연달아 나오는 부분이다(그림 14). 경남아파트 위에서 호반1길을 거쳐 능안2길을 오르면 가짓길을 두 번 지난다. 이 가운데 첫 번째에서 왼쪽으로 돌면 능안1길과 능안2길 일대로 이어진다. 두 번째인 위쪽은 Y자형 갈림길이다. 여기에서 오른쪽 길은 막다른 길이고 왼쪽 길이 고릿길로 이어진다.

고릿길은 두 번째 Y자형 갈림길에서 시작된다. Y자로 갈라진 길은 빙글 돈 뒤 속에서 서로 만난다. 각기 제 갈 길로 간 것 같더니 결국 다시 만난다. 제 갈 길의 중간 과정은 서로 다르다. 왼쪽 길은 한두 번의 가벼운 꺾임만 있을 뿐 큰 변화가 없지만 오른쪽 길은 반대다. 중간에 갈림길이 네 번 나온다(그림 15). 이 가운데 셋은 막다른 길

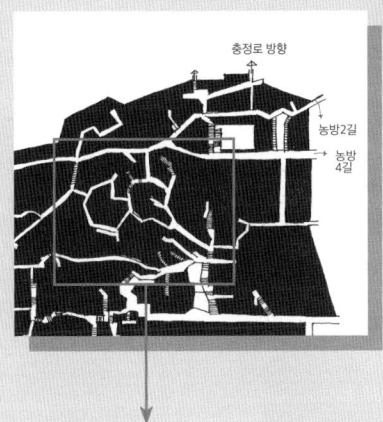

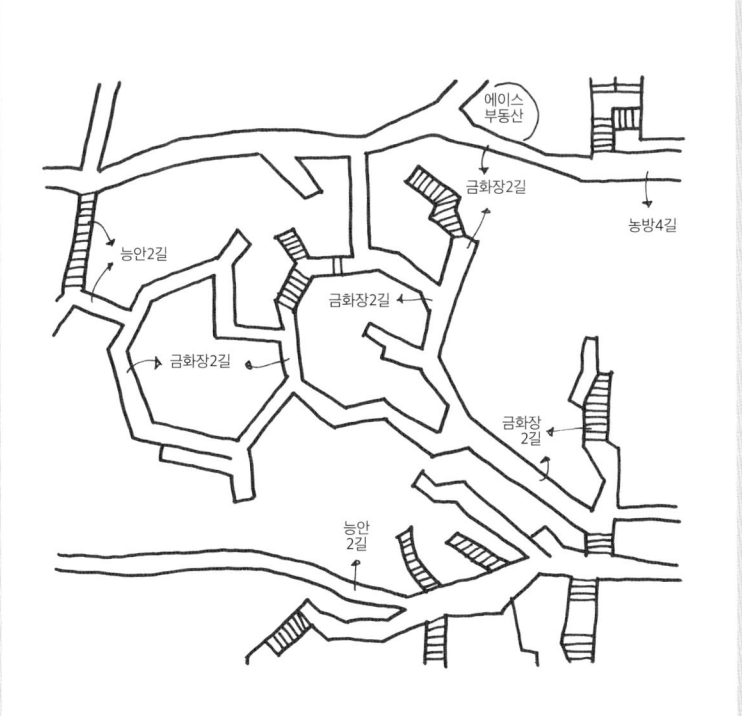

그림 14 | 북아현동 능안2길과 금화장2길 일대 부분 확대 지도.

그림 15 | 북아현동 금화장2길. 수직 망루를 모서리에 갖는 갈림길.

이고 하나는 금화장2길로 올라가는 길이다. 사이사이에 계단도 많고 꺾임도 많다. 하지만 인연은 정해진 법, 이 모두를 뿌리치고 계속 가더니 아래에서 헤어진 본선을 기어이 다시 만났다. 여기가 끝이 아니다. 이제 절반 왔을 뿐이다. 제 버릇은 남 못 주는 법, 한 번으로 부족한지 다시 한 번 더 갈라져 다시 빙글 돌아 만난다.

　능안1길과 능안2길 지역은 아기자기한 변화가 특징이다. 길의 윤곽부터 톱니바퀴처럼 변화가 심한 길들이 많다(그림 7). 동선의 방향도 급하게 변한다. 180도 유턴하는 길도 있고 네거리는 네거리인데 바람개비처럼 돌아 나가는 길도 있다(그림 16). 세 겹의 평행갈래도 있다. 일자로 이어지는 길과 짧게 잘리는 길의 대비도 심하다. 끊어졌다 이

그림 16 | 북아현동 능안1길. 두 계단이 거울에 비치듯 서로를 투영한다.

어지는 계단의 대비적 반복은 역동적이다. 높이 차이를 이용한 시선 변화도 흥미로운데, 언덕 위의 파란 집을 만나나 했더니 언덕 아래 붉은 지붕을 만난다.

고릿길과 대비적 변화를 즐기다 보면 호흡과 걸음이 빨라진다. 느림의 미학이 지배하는 골목길치고는 전체적인 박자가 빠른 편이다. 길의 윤곽이 만들어내는 전체적인 흐름에서 흥겨운 춤이 연상된다. 째깍거리는 시계 초침의 호흡에 맞는 박자요, 뒤꿈치를 들고 앞발로 걷는 종종걸음에 맞는 박자다. 론도를 추듯 급하게 꺾이고 돌아 다시 만나는 고릿길은 왈츠라도 추듯 빙글빙글 두 번 돌며 반복된다.

혼성, 추상, 문

먼저 북아현동은 길 이름들이 재미있다. 호반길은 옛날 이곳에 호수가 있었다 해서 붙여진 이름이고 능동길과 능안길은 의령원과 관련 있다. 이곳에는 조선시대 사도세자의 아들 위정의 능인 의령원이 있었다. 능동길은 능의 동쪽에 있는 길, 능안길은 능의 안쪽에 있는 길이란 뜻이다. 금화장길은 옛날부터 금화장 고개라고 부르던 이름을 이어받았다. 농방길은 더 재미있다. 이 이름은 가구상가, 즉 농방이 밀집해 있던 지역이라 붙여졌다. 농방길의 전통은 지금도 북아현동을 대표하는 명물 가운데 하나인 가구거리로 이어져 계속되고 있다.

능동3길은 뼈대길로 오르는 가짓길의 특징이 두드러진다. 계단 양옆에 집이 놓이면서 문들의 어울림이 친근하다. 집 앞에는 포켓 공간이 만들어지고 화분과 생활용품이 놓인다. 계단이 꺾이면서 집의 몸통들은 매스 충돌을 일으킨다. 몸통은 기하 단위가 되어 중첩되고, 높이의 차이에 따른 연차적 구성도 일어난다. 충돌보다는 혼성에 가깝다. 여러 개의 기하 단위들과 여러 종류의 재료와 건축 요소 등이 한데 섞이고 있다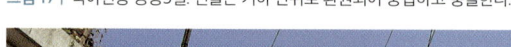. 군데군데 수직 망루가 들어서고 평행갈래가 나면서 오름 계단길의 재미를 더해준다.

그림 17 | 북아현동 능동3길. 건물은 기하 단위로 환원되어 중첩하고 충돌한다.

능안1길과 능안2길은 비슷하다. 개개 집들은 흰 몸통에 붉은 기와로 통일되어 있다. 그만큼 추상성이 강하다. 소위 말하는 달동네의 표준 패션이다(그림 18). 지중해의 집들도 같은 모습이니 전 세계 골목길의 전형이라 할 만하다. 굳이 달동네 집이라고 스스로 비하할 것은 없다. 이런 추상적 분위기에 소시민의 처연한 움츠림이 묻어나는 것 또한 어쩔 수 없다. 추상이 도도하고 차갑다는 것은 편견이다. 골목길의 추상은 단정할지언정 도도하지는 않다. 힘든 소시민적 생활을 버텨주는 겸손과 절약이지 차가움은 결코 아니다. 석양의 포근한 붉은빛과 잘 어울리는 것 또한 달동네의 추상이고, 어머니의 저녁밥 짓는 정성과 일터에서 돌아오는 아버지의 종종걸음을 담는 넉넉함도 달동네의 추상에서 나온다.

그림 18 | 북아현동 능안1길. 흰 몸통에 붉은 기와는 달동네의 표준 패션이지만 이 속에는 소시민의 정서가 배어 있다.

능안1길과 능안2길 가운데 경사지 계단 부분은 오름길의 다양한 특징을 고루 갖추었다. 계단이 갈림길을 이루며 공간적 호기심을 높이며, 평행갈래도 생기고 유턴 길도 생긴다. 막다른 길은 빠질 수 없는 감초다. 댓돌은 해학을 부리고 문의 구성미는 해학을 북돋운다. 수직망루가 나타나 긴장감을 높이는가 싶더니 테라스 공간이 군데군데 숨통을 트게 해준다. 문의 어울림은 적극적이고 그 사이를 생활소품이 채워준다. 화분은 그 가운데 으뜸인데, 이 동네도 화분이 참 많다. 삼선1동에 버금간다. 낭떠러지 길에서는 화분을 줄줄이 세워 난간을 만들기도 했다. 화분과 가장 잘 어울리는 것은 빨래가 아닐까. 화분을 키우는 정성과 식구들의 빨래를 너는 마음은 닮았으니 말이다.

모든 길을 통틀어 공통적으로 나타나는 특징은 문의 미학이다. 문의 특징은 포괄적이라는 점이다. 그렇다, 북아현동은 문의 동네다. 문을 이용한 조형성이 두드러지는 동네로 그 내용은 형상미, 구성미, 방향성, 어울림의 넷으로 이루어진다. 형상미는 개개 문의 다양한 생김새에서 얻어지는 조형성으로, 큰 것부터 작은 것, 옆으로 긴 것부터 위로 긴 것 등 생김새가 다양하다. 창의 내부 분할도 다양한데 큰 창 하나를 덩그러니 놔둔 것부터 자잘하게 나눈 것까지, 작은 창을 둘로 나눈 것부터 긴 창을 듬성듬성 나눈 것까지 정말로 다양하다.

구성미는 문 몇 개가 어우러지면서 종합적 합으로 분할미를 만들어내는 것이다. 몬드리안의 구성 시리즈를 보는 것 같은 느낌으로, 문의 숫자는 많지도 않다. 두셋이면 족하다. 많아야 넷, 다섯 개까지 등장하는 일은 거의 없다. 그러나 이것들이 내놓는 구성미는 절묘하다. 각각 기막히게 자리를 잘 잡고 앉았다. 둘이나 셋이 어울리는 멋은 더 감칠맛난다. 무심코 아무 곳에나 뚫은 것 같지만 그 조화미는 가히 최고급이다.

방향성은 문이 밖과 대면하는 성향이다. 북아현동 골목길에서는 대부분의 문이 친근감을 적극적으로 표현한다. 예를 들어 꺾임 마디에서 오던 방향을 마주하는 자리에 문을 내는 예다. 길이 꺾이는 지점에서 문이 반갑게 맞이한다. 환영받는 느낌이 들며 기분이 좋다. 주변과 친해지겠다는 의지의 적극적인 표현이다. 이것은 문이 단독으로 존재할 때다. 여럿이 같이 있을 때는 문의 방향에 따라 문들 사이의 관계가 결정된다. 바로 어울림이다.

이 동네에서는 문들이 어울리고 싶어한다. 둘이 있으면 마주 보고 셋이 있으면 동그랗게 마주 보며 모인다. 지형 때문에 모이지 못해도 어울림의 의지는 줄어들지 않는다. 일렬로 서야 될 때는 어깨동무를 한 듯, 어긋나야 될 때는 팔짱을 낀 듯 응집력이 높다. 떨어지지 않으려고 애쓰고 있음이 확연히 느껴진다. 문의 어울림은 계단도 거든다. 계단은 벌어지려는 문을 묶어주는 끈으로 작용한다. 계단 자체가 압축적이어서, 거리를 이동하며 사이를 벌여놓는 보통의 계단과는 다르다. 자신을 웅크려 문들을 엮어준다. 이렇듯 계단이 도와 어울림은 강해진다(그림 19).

그림 19 | 북아현동 금화장2길. 계단은 강하게 압축되면서 세 개의 문을 하나로 묶어준다.

북아현동에 숨은 장면들

북아현동 능동3길 | 담 위에 깨진 유리를 박아 놓았다. 도둑이 담을 못 넘어오게 하기 위한 것이다. 요즘은 낯선 장면이지만 지금처럼 아파트가 많지 않던 시절에는 골목길에서 흔히 볼 수 있었다. 골목길이 낭만적이지만은 않음을 보여주는 장면이다. 같은 동네에서 오래 살아온 사람들에게는 공동체의 넉넉함이 살아 있는 공간이지만 외부에서 침입하는 도둑은 강하게 거부해야 할 문젯거리다.

북아현동 능안2길 | 플라스틱 드럼통을 막아 옥상으로 올라가는 문을 냈다. 침입자를 막기 위한 보안장치지만 담 위에 유리를 박은 것보다는 훨씬 정겹고 소박하다. 뚜껑을 벽돌로 눌러 놓은 걸 보니 속에 뭐가 들긴 들었나 보다. 이 또한 정겹고 소박하다. 벽돌이야 들어내면 그만이고 드럼통이야 치우면 그만이지만 이것만으로도 주인은 충분하다고 생각했나 보다. 깨진 유리가 삭막하다면 드럼통은 한국적 해학을 보여준다.

북아현동 능동3길 | 콘크리트 바닥을 뚫고 골목길에 피어난 꽃이다. 생명의 위대함을 보여주는 장면이다. 아직 씨가 파고 들어 싹을 낼 틈이 남아 있다는 증거이기도 하다. 온 동네에 내놓은 화분에서 날린 씨앗일 수도 있고 앞동네 텃밭에서 날아온 씨앗일 수도 있다. 생명이 마지막 온기를 피울 수 있는 곳이 골목길이라고 말해주는 듯하다. 화분을 도와 골목길의 팍팍한 소시민 생활에 활기를 불어넣어준다.

북아현동 능안1길 | 이번에는 진짜 화분이다. 축대 위 낭떠러지 길에 화분을 일렬로 늘어놓아 난간을 만들었다. 진부하지만 화분의 색다른 위력을 보인다. 상추를 키워 먹어 보다. 봄에 꽃을 피울 만한 놈도 있다. 화분의 푸른색은 회색 시멘트벽의 칙칙함에 최소한의 생명력을 불어넣는다. 땅에 발을 디디고 살기 때문에 화분이나마 가꾸고 키울 엄두가 나는 것일 수도 있다. 화분은 분명 골목길과 아파트를 가르는 중요한 차이 가운데 하나다.

북아현동 능안2길 | 네거리다. 세 갈래는 계단길이고 한 갈래는 평지길이다. 오른쪽 계단길은 막다른 길이다. 왼쪽 내리막은 아랫동네로 나가는 관문이고 왼쪽 오르막은 윗동네로 이어진다. 평지길은 긴 거리를 달려 옆동네 능안2길로 이어진다. 여기서 끝이 아니다. 자세히 보면 네거리에 문이 두 개 더 나 있다. 골목길에서는 문으로 들어가는 길도 하나의 길로 친다. 소극적 길이다. 따라서 이곳은 적극적 길 네 갈래, 소극적 길 두 갈래, 모두 합쳐 6거리다.

북아현동 능안1길 | 수직 망루다. 수평선이 지배하는 골목길 구도를 순간적으로 흐트러트린다. 그다지 높지는 않다. 기껏해야 3층이다. 휴먼 스케일 범위 안에 들어온다. 계단길을 오르면서 마주치는 긴장감이다. 경사지의 전망을 적극 활용하려는 기능적 목적도 있지만 여기에서는 한 가지 더 특이한 점이 있다. 길의 계단이 건물의 철제계단으로 이어지는 것이다. 길의 기억이 계단을 통해 건물까지 이식되었다. 계단까지 합쳐지니 건물은 허름한 것을 빼면 조형성이 뛰어나다. 추상, 구성미, 사선의 기하미가 돋보인다.

청파동

한국 현대사와 집 박물관

서부역에서 숙명여대 입구로 가다 보면 오른쪽으로 긴 언덕을 따라 큰 동네가 형성되어 있다(그림 1). 서울역에서 기차를 타고 여행을 떠날 때 지상으로 나와 가장 먼저 보는 풍경이기도 하다. 다소 혼란스러워 보이긴 하지만 경사지와 능선에 여러 종류의 집들이 섞여 있고 그 중간을 뚫고 교회 첨탑이 솟아오른다. 능선의 품새가 제법이다. 집들이 능선을 못 따르는 것 같지만 그래도 한 번쯤 파고들어가 구경하고 싶은 마음을 불러일으키는 동네다. 청파동이라고 부르는 동네로 행정구역으로는 청파1동이다.

청파동은 통상적 의미에서 골목길 동네는 아닐 수 있다. 넓은 지역 사이사이에 부분적으로 골목길이 남아 있긴 하지만 동네의 전반적인 분위기는 달동네로 대표되는 아기자기한 골목길과는 다소 거리가 있는 것이 사실이다. 일단 청파동에는 부잣집이 섞여 있다. 1990년대 이후에는 다세대주택이나 연립주택으로 부분개발도 많이 되었다. 단편적으로 남아 있는 골목길은 다른 동네 못지않지만, 이것이 청파동을 대표하지는 못한다. 청파동을 골목길 동네로 만들지 못하는 바로 그 이유가 오히려 청파동만의 중요한 특징이 된다(그림 2).

청파동의 특징은 한마디로 한국 현대사의 압축을 보여주는 시간의 중첩이다. 이 동네에는 여러 종류의 집들이 모여 있다. 시간 순서대로 정리해보면 이렇다. 도시형 한옥 → 일제 강점기 때 주택 → 195,60년대 서민주택 → 1970년대 양옥 → 1980년대 양옥 → 1990년대 다세대주택과 연립주택 등등. 20세기 한국의 현대사를 압축해 놓은 것처럼 집 종류가 거의 다 모여 있다. 아파트만 빠졌다. 최근 대한민국 주택시장에서 아파트가 차지하는 비율이 90퍼센트를 상회하니,

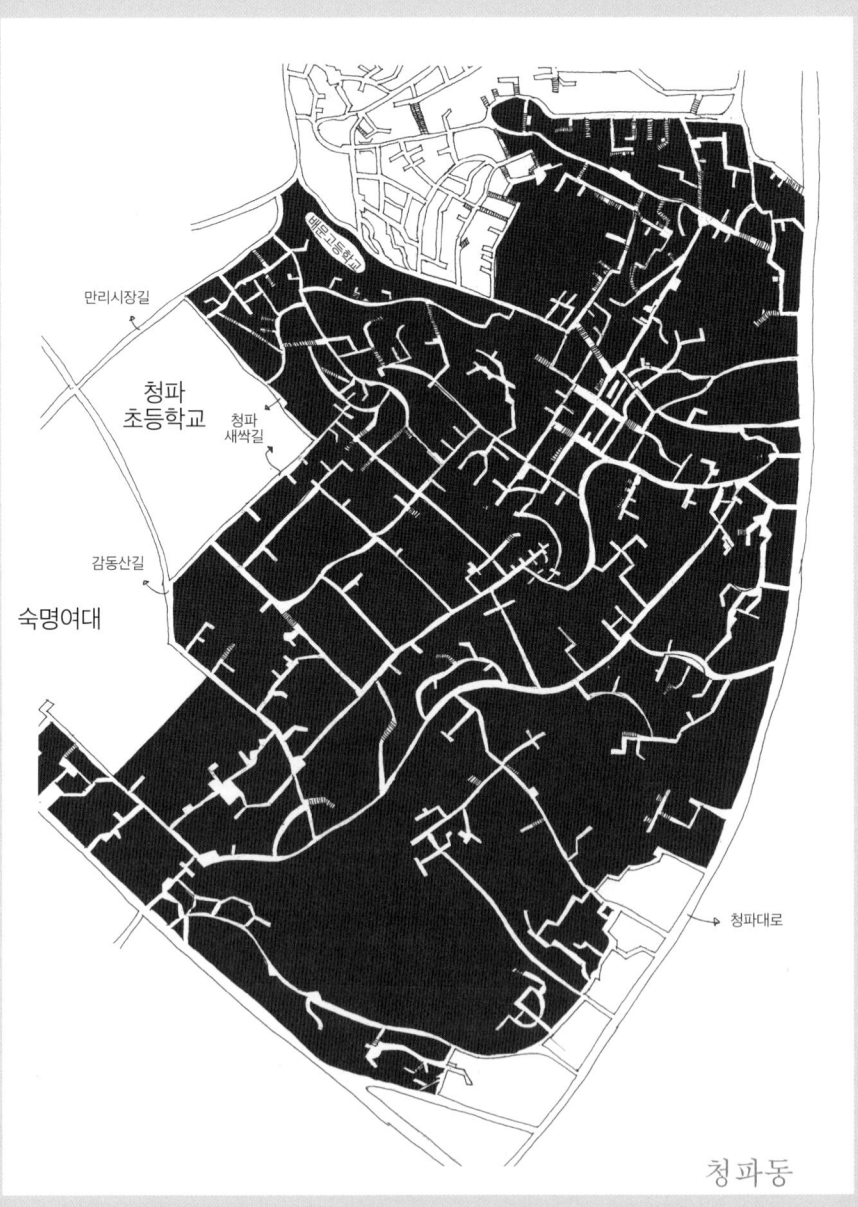

그림 1 | 청파동 전체 지도

그림 2 | 청파동 전경. 일제시대부터 21세기 초반까지 한국 근대사의 전개를 압축적으로 보여주는 동네다.

이것을 뺀 나머지 10퍼센트가 채 안 되는 주택의 온갖 종류가 한 동네를 이루고 있다. 아파트만 집이고 사람이 살 만한 곳인 줄 알고 아파트 하나 얻으려고 몸부림치는 지금 세태에서, 이렇게 다양한 집의 종류가 있었다는 것을 확인하고 공부하기 위해서라도 반드시 들러야 하는 동네다. 가히 20세기 집 박물관이라 할 만한 동네다.

시대적으로만 다양한 것이 아니다. 부잣집과 가난한 집, 서민형 주택과 양옥, 한옥과 일본식 집 등 대립되는 개념의 집들이 능청스레 어울려 하나의 동네를 이루고 있다. 일면 어색해 보이는 것 또한 사실이다. 부조화를 만들어내기도 하고 약간의 긴장감이 느껴지기도 한다. 이것 자체가 일단 이 동네만의 특징적 분위기다. 그러나 낯설지만은 않다. 부조화와 긴장감은 역동성으로 나타나기도 하고 의외

청파동 191

의 차분함을 주기도 한다(그림 3).

차분함은 일종의 역설이다. 대비되는 요소들이 이루는 조형 환경 속에 놓이면 사람들은 자신의 내면 단속을 강화한다. 이것이 심하면 낯설음이 생겨나고 사람은 조형 환경과 유리되어 둘 사이에는 강한 긴장감만이 남는다. 그러나 심하지 않을 때는 오히려 자신의 마음속에 침잠하게 만드는 작용을 하며 이것은 차분한 안정감으로 나타난다. 서울 시내에서, 넓게는 전국에서, 이런 식으로 시간 중첩과 그에 따른 긴장감과 차분함의 역설을 느낄 수 있는 곳은 거의 없다. 청파동은 그래서 중요하다.

청파동은 일제 강점기 때 일본인 동네였다. 용산의 일본군 기지에서 가깝기 때문이었다. 용산을 중심으로 원효로, 청파동, 후암동 일

그림 3 | 청파동 청파새싹3길. 시대와 유형에 따른 여러 종류의 집이 혼재되어 있다.

대가 거기에 속하는데, 청파동에 일본식 집이 많이 남아 있는 것은 이 때문이다. 1980년대까지만 해도 동네 전체가 온통 일본식 주택이었다. 1990년대 초까지도 제법 남아 있던 것이 지금은 대부분 사라지거나 개조되었다. 청파동 전역을 통틀어 아주 큰 집들만 네다섯 채 남아 있는 것으로 파악된다(그림 4). 1970년대 이후의 양옥집들도 심심치 않게 박혀 있는데 그 규모가 다양하다. 소위 말하는 부잣집이라 부를 만한 것도 있고 중산층 규모도 있다. 평지붕의 이층집은 1970년대 양식이고 아스팔트싱글로 덮은 경사지붕의 이층집은 1980년대 이후 양식이다.

이 사이사이에 더 옛날 집들이 끼어 있다. 도시형 한옥과 서민형 주택들이다. 일본인 동네에 한옥이 섞인 것이 이상해 보이겠지만 이

그림 4 | 청파동 샘길. 청파동 일대에 몇 채 남아 있지 않은 일본식 주택이다.

들은 한국전쟁 이후에 지어진 도시형 한옥들이다(그림 5). 서민형 주택은 1950~60년대 달동네의 표준 모델들인데, 동네의 전체 골격을 양옥집들이 형성하기 때문에 길도 넓고 골목길 특유의 정취는 느낄 수 없다. 그러나 사이사이에 끼어 있는 옛날 집들이 던져주는 소품 개념의 단편적 장면들은 재미있는 감상거리를 만들어낸다(그림 6). 일부 지역은 집 단위가 아닌 골목길 단위로 옛날 골격이 남아 있다. 비교적 넓은 길을 여유롭게 거닐다가 옛날 골목길을 찾아내는 즐거움은 괜찮은 경험이다(그림 7). 이런 식으로 대비되는 여러 분위기의 지역이 어깨를 맞대고 한 공간 안에 모여 있는 것이 이 동네만의 대표적인 특징이다.

그림 5 | 청파동 미나리2길. 한국전쟁 이후에는 도시형 한옥도 많이 지어져 아직도 남아 있다.(왼쪽)
그림 6 | 청파동 샘길. 사이사이에 단편적으로 박혀 있는 골목길의 흔적.(위)
그림 7 | 청파동 단비길. 골목길 단위로 옛 정취가 남아 있다.(아래)

푸른 언덕과 새싹길

입지를 보면 가까이는 동쪽으로 서울역이, 멀리는 남산이 보이는 동네다. 문만 열면 아무 때나 남산 봉우리와 남산타워를 볼 수 있다. 남산 기슭에 옹기종기 모여 있는 동네가 앞에서 본 용산2가동이고, 서울역은 저 아래 장난감처럼 내려다보인다. 청파동은 조선시대부터 교통의 요지로, 남쪽에서 서울로 들어오는 두 가지 주요 교통로인 뱃길과 땅길이 하나로 만나는 지점이었다. 뱃길의 정착지는 마포나루였고 땅길의 정착지는 지금의 용산역에서 서울역에 이르는 지역이었다. 마포는 만리재길을 끼고 이어지며 서울역과 바로 인접해 있다. 청파동은 이런 교통 요지로서 조선시대부터 역졸들이 많이 사는 역촌이었다. 일본인들도 이런 점 때문에 용산에서 청파동에 이르는 지역을 자신들의 근거지로 삼았다. 서울역이나 용산역이 코앞이라 일본 본토나 중국 대륙과의 교통 연결이 유리한 점도 크게 작용했다.

청파동 언덕은 서부역에서 시작해 숙명여대까지 남북 방향으로 비교적 먼 거리가 길게 이어진다. 맨 아래의 찻길인 청파대로에서 가지 치듯 여러 갈래의 길들이 올라오는데, 능선 정상부는 그리 높지는 않지만 아래 평지에서 올라가기에 만만한 높이가 아니다. 서울 전체로 보면 남산의 끝자락으로 볼 수도 있고 북한산의 끝자락으로 볼 수도 있는 양면성을 갖는다. 거리로 보면 남산이 지척에 보이기 때문에 남산의 끝자락으로 보기에 적합하나, 산세의 흐름으로 보면 북한산의 끝자락으로 보는 것이 더 정확하다. 남산은 산세가 흘러나가는 방향이 한강을 향하기 때문에 이쪽 동네와는 결이 맞지 않는다. 즉 이 동네의 지형은 북한산의 흐름이 안산과 북아현동을 거쳐 이어져 내려오는 끝자락으로 볼 수 있다. 만리동에서 낮아졌다가 마지막으로 한 번 더 솟아오르며 높아진 곳이 이곳 청파동이다. 이렇게 만들어진 언덕은 연화봉(蓮花峰)이라는 이름으로 불리던 푸른 야산이었고 이것을 한자로 옮긴 것이 말 그대로 '푸른 언덕'이라는 의미의 '청파'다.

청파동은 부잣집들이 섞여 있어서 그런지 일찍부터 전면적인 재개발은 포기한 상태다. 다세대나 연립으로 부분개발이 일찍부터 활발했기 때문에 재개발을 더욱 어렵게 만들었다. 고급 연립주택도 눈에 띈다. 서울역 건너 마주보는 용산2가동도 재개발을 포기한 상태로, 남산 기슭과 푸른 언덕의 두 동네가 마주보며 능선을 지켰으니 다행이라 할 만하다.

재개발을 둘러싼 갈등이 없는 탓인지 주민들이 붙임성이 좋다. 먼저 말을 걸어오기도 하고 옛날 골목길이 어디에 남아 있는지 알려주

그림 8 | 청파동 다솔길. 순흥슈퍼 아줌마가 김장을 담그고 있다.

기도 한다. 순흥슈퍼 아주머니는 매우 활달하다(그림 8). 내가 동사무소나 구청 공무원이 아님을 한눈에 알아차렸다. 그렇다면 기자나 작가라고 판단한 듯하다. 금세 친절하게 말을 붙여온다. 사진 찍어서 어디에 낼 거냐고 묻는다. 책 쓸 거라고 하자 자기를 찍어서 내달라고 성화다. 김장을 담그고 있었는데 무를 한 조각 썰어 건넨다. 아직 11월 초순이었지만 그래도 겨울 무는 인삼보다도 좋다는 말이 있어 받아 한입 물었다. 시원한 물이 입 안 가득 퍼졌다.

아주머니의 수다는 계속되었다. 이런 시골스런 풍경이 남아 있는 데는 서울 시내에 자기 집밖에 없다며 오히려 자랑을 했다. 같이 김장을 담그던 다른 아주머니는 수줍음이 많아, 그냥 옆에서 고개를 수그리고 웃고만 있다. 사진 찍는다고 여기 보시라고 하자 수줍어하며 쳐다본다. 활발한 아주머니가 바람을 잡아서 억지로 웃게 했다. 활발한 아주머니 남편이 슈퍼에서 나오자 아주머니는 대뜸 자랑이다.

"이 아저씨가 나 책에 내준대. 골목길 사진 찍는 작간데 책으로 낼 거래. 나 이제 전국에 유명해질지 몰라."

남편은 아주머니 수다가 어제오늘 일이 아니라는 듯 가볍게 웃어 보이고는 어디론가 외출을 한다. 순흥슈퍼는 명당자리 같다. 저 아래 새로 지은 서울역이 내려다보이고 동향이라 아침에 뜨는 햇살을 기분 좋게 받는다. 멀리는 남산이 한눈에 들어온다. 남산 아래 용산2가동과 해방촌이 보이고 그 위로 남산 타워가 솟아 있다. 순흥슈퍼 앞 알루미늄 난간에는 자전거와 대걸레 자루가 기대어 있다. 난간 살 사이로 서울역과 남산이 겹쳐지면서 재미있는 풍경을 만들어냈다(그림 9).

조금 떨어진 곳에서 검은 양복을 입은 초로의 신사가 말을 걸어온다. 재개발과 관련해서 나온 사람이 아닐까 하는 기대감에 잔뜩 부푼

신사는 재개발 브로커 같은 인상이다. 사진 찍는 작가라 하자 다소 실망한 눈치다. 그러나 베테랑 브로커답게 이내 아무렇지도 않은 듯, 이 동네가 재개발되어야 할 당위성을 역설한다. 슈퍼 아주머니랑은 시각이 다른 것 같았다.

"서울 시내에 이렇게 오래된 집 남아 있는 데가 어디 있어요. 저기가 바로 서울역인데. 외국 사람이라도 내리면 이거 나라 망신 아닙니까. 얼마 전에 서울시장도 다녀갔어요. 뉴타운 해준다 그러고 갔으니 조금만 기다리면 될 것 같아요. 작가 선생도 그런 쪽으로 책 써줘요."

그러더니 세련되게 인사를 하고는 사라진다.

대금 컴퓨터 드라이 크리닝 사장님도 처음에는 경계심이 가득한 얼굴로 왜 사진을 찍느냐고 물어왔다. 나름으로 가게 터전을 닦고 오

그림 9 | 청파동 다솔길. 남산과 시내 스카이라인과 서울역이 보인다.

래 살아온 초로의 사장님이다. 재개발되면 그 이후 일이 가늠이 안 되는 것 같은 분위기다. 단골손님도 그런대로 있고 몇십 년 한 곳에서 장사해온 처지에서는 동네가 없어지고 새로 생기는 것이 좋을 리 없다. 사진 찍는 작가라고 하자 안심하는 눈치더니 이내 친근감을 표시한다. 자기랑 생각이 같은 데 대한 반가움이다. 그러더니 오래된 골목길이 남아 있는 동네를 가르쳐준다.

"요기 언덕 너머 골목에서 좌회전해서 내려다가 갈림길 나오면 오른쪽으로 꺾어요. 쭉 내려가다가 주차장 끼고 돌아서 그 위에 보면 옛날 집들 아직 좀 남아 있어요."

단비길을 가르쳐준 것 같았다.

청파동에는 학교와 종교시설이 유난히 많다. 학교는 숙명여대, 배문고등학교, 청파초등학교가, 종교시설은 청파동 교회, 청파 중앙교회, 청암 교회, 세계 평화통일 가정연합 본부교회, 대한천리교 본부 등이 있다. 이 가운데 골목길 분위기에 영향을 미치는 것은 청파초등학교다. 길 이름부터 청파새싹길을 필두로 청파새싹1길에서 청파새싹5길까지 여섯 개의 주요 길들이 '청파새싹'이란 이름으로 이루어져 있다. 이 길들은 청파초등학교를 에워싸면서 인근 주택가와 만리시장길과 연결된다. 이 가운데 어린아이들의 동선이 가장 많은 길은 청파새싹4길로, 이 길은 청파새싹길에서 갈라져 나와 긴 거리를 가로질러 감동산1길까지 이어진다. 이 중간에 만리시장4길, 청파새싹5길, 청패4길 등 주변 주택가를 구성하는 주요 길들과 만난다.

청파새싹4길에는 오후 내내 학교를 파하고 집으로 돌아가는 어린아이들의 재잘거리는 소리가 끊이지 않는다. 잘 가라는 인사 소리, 친구 부르는 소리, 누가 누구를 좋아한다고 놀리고 도망가는 소리,

쫓아가는 소리, 노랫소리, 무엇인가 열심히 흥정하는 소리 등이다. 살아 있는 생명의 아름다운 소리다. 거슬리게 크지도 않고 힘없이 작지도 않은 알맞은 크기의 소리들이, 좁지도 넓지도 않은 골목길에 듣기 좋게 메아리친다. 초등학교가 있는 동네에는 빠지지 않고 등장하는 것이 또한 문방구다. 요즘이야 모닝글로리다 알파문구다 해서 깨끗한 대형 문구점이 여기저기 많이

그림 10 | 청파동 청파새싹4길. 축구공과 간식거리와 장난감이 걸려 있는 오래된 문방구.

생겼지만 그래도 역시 문방구는 찌그러져가는 옛날식 집에 있어야 제맛이다. 집은 작고 소담해야 하며, 먼지 낀 뿌연 유리창에는 돼지저금통과 축구공과 촌스런 장난감들이 걸려 있어야 한다(그림 10). 오래된 미닫이문을 열고 들어가면 자잘한 학용품이 빼곡하게 채워진 본가게가 나온다. 그리 좋은 냄새는 아니지만 학용품들이 어우러져 나는 문방구 특유의 냄새도 있다. 청파초등학교 주변에는 아직 이런 문방구가 몇 군데 남아 있다.

그림 11 | 청파동 길 얼개 지도

샘과 감나무 동산

청파동은 지역이 넓고 길도 여러 갈래며 길 이름도 많다(그림 11). 청파동의 길 얼개도 방사선-동심원 구도가 조금은 지켜지고 있다. 미나리길, 미나리3길, 단비길, 배나무다리길, 배나무다리1길, 감동산길, 청패길, 청패1길, 만리시장2길, 만리시장3길 등이 방사선 방향의 주요 길들이고, 샘길, 감동산1길, 청패2길, 만리시장길 등이 동심원 방향의 주요 길들이다. 청파새싹길, 청파새싹5길, 감동산1길 등은 양방향의 길을 겸한다. 길 이름 가운데 재미있는 것들도 있다. 미나리길은 말 그대로 옛날 이 지역이 미나리 군락지여서 붙여진 이름이고, 감동산길은 감나무 동산이 있었다 해서 붙여졌다. 샘길은 지하수나 우물 등 좋은 물이 나던 곳이어서 붙여졌다. 이를 종합하면 청파동은

그림 12 | 청파동 미나리1길. 영화 세트장처럼 추상 분위기의 골목길 단위가 남아 있다.

좋은 물로 미나리와 감나무 등을 키우던 곳이었음을 알 수 있다. '푸른 언덕'이라는 이름에 걸맞은 상황이라 할 만하다.

청파동은 면적이 넓고 부분개발이 많이 되어 있기 때문에 골목길 동네만으로 지역을 나누는 것이 쉽지 않다. 그보다는 위의 길들을 기준으로 나누는 것이 더 적합한데, 다섯 지역으로 나눌 수 있다.

첫 번째는 청파대로와 샘길 사이의 지역이다. 이 지역은 청파대로와 샘길을 위아래의 뼈대로 삼아 아홉 개의 가짓길이 오르내린다. 이 가운데 미나리1길, 미나리2길, 단비길, 배나무다리길 일대에 옛날 골목길이 부분적으로 남아 있다. 샘길 일대에는 일본식 주택과 연립주택이 혼재한다. 미나리1길은 추상 처리가 특징이고 미나리2길에는 한옥들이 남아 있다(그림 12). 단비길은 색조 분위기가 특이한 가운데

그림 13 | 청파동 감동산1길. 창, 문, 계단, 매스 단위 등이 드나들며 어울려 3차원 구성미를 자아낸다.

교회 벽에 그려진 벽화가 눈길을 끈다. 배나무다리길은 축대길과 평행갈래를 동시에 갖는 독특한 구조로, 아래쪽 평행갈래에서는 가짓길들이 더 갈라져나가며 막다른 길을 이룬다.

두 번째는 샘길과 감동산1길 사이의 지역이다. 두 길 모두 넓은 동심원 방향 길인데 두 길 사이를 다섯 개의 가짓길이 연결한다. 가짓길은 휘기도 하고 쭉 뻗기도 하고 꺾이기도 한다. 샘2길은 샘길에서 갈라져 반 바퀴 돈 뒤 다시 샘길에 합류하는 고릿길이다. 샘길과 감동산1길은 구성미가 공통점으로, 이런 구성미는 일차적으로 창과 문들이 만들어낸다. 여기에 계단 같은 다른 요소들도 합세한다. 구성미가 좀 더 다양해진 양상이다. 매스 단위의 드나듦에도 변화가 생기면서 음영이 중요한 요소로 등장하고 3차원 장면으로 발전한다(그림 13).

그림 14 | 청파동 청파새싹5길. 청파동에 드물게 남아 있는 옛날 달동네 풍경.

세 번째는 감동산길과 청파새싹4길 사이의 지역이다. 이 지역의 길은 바둑판 구도를 유지한다. 감동산1길과 청파새싹5길이 여러 갈래로 갈라지며 직각으로 만나는데, 바둑판 길 사이를 여러 종류의 연립주택들이 채우고 있다. 이런 가운데 청파새싹5길에 부분적으로 골목길의 흔적이 남아 있다. 흔적은 추상 분위기와 다다 분위기의 정반대되는 두 종류의 집이 대비를 이루는 독특한 방식으로 나타난다(그림 14).

네 번째는 청패길, 청패1길, 청패2길 일대 지역이다. 청패길은 청파대로에서 청파동 일대로 갈라져 들어오는 가장 큰 길로, 초입에는 크고 작은 가게들이 늘어서 있다. 재래시장과 몇 갈래의 가짓길을 만든 뒤 청패2길이 갈라져 나가는데, 청패2길은 감동산1길로 연결되는

그림 15 | 청파동 청패길. 급한 바둑판 구조 속에 반듯한 축대길이 박혀 있다.

끈이다. 청패2길이 갈라진 다음부터는 부분적으로 바둑판 길이 나온다. 앞의 바둑판 길보다 간격이 짧아, 직각 만남이 급하게 반복된다. 중간에 계단도 더해지면서 급박감은 적당한 긴장감을 낳는다. 바둑판 지역을 지나면 청패길 본선과 청패1길이 갈라진다. 청패길은 거의 일직선으로 만리재길까지 달려나가며 청파동과 서계동을 가르고, 청패1길은 한 켜 깊은 속에서 본선과 거의 평행하게 그러나 더 가늘게 이어진 뒤 만리시장2길과 만난다.

이곳 청패길 일대도 일본식 주택과 연립주택이 혼재한다. 문 사이의 어울림과 구성미가 몇 군데 눈에 띈다. 바둑판 지역에서는 축대계단 같은 반듯한 어휘가 두드러지는데(그림 15), 급하게 반복되는 직각의 길 구도와 잘 어울리기 때문이다. 주택 사이사이에 재래식 가게들이 박혀 있고, 옛날 골목길의 정취는 청패1길이 만리시장과 만나는 인근에 부분적으로 남아 있다.

다섯 번째는 만리시장2길-만리시장4길 일대 지역이다(그림 16). 2길과 3길은 만리시장길에서 하나로 시작된 뒤 곧바로 둘로 갈라져나간다. 두 길 모두 완만하게 휘는 곡선길이다. 만리시장2길은 청파새싹5길에 연결되는데 중간에 여러 갈래의 가짓길이 나온다. 초입의 두 가짓길은 얼마 못 가 청파새싹길과 만나는데 그 짧은 사이에도 다시 짧은 가짓길을 여럿 만들어낸다. 이 일대는 옛날 집, 골목길, 재래식 가게, 새집 등이 어우러져 복합적 분위기를 만들어낸다. 이런 가운데 부분적으로 좁은 골목길이 남아 있다(그림 17). 좀 들어가서 갈라지는 가짓길들 가운데 만리시장4길이 주요 길로, 이 길은 큰 은행나무를 랜드마크로 해서 옛날 골목길을 간직하고 있다.

만리시장3길은 청패길에 연결되는데, 이 길은 청파동 전체를 통틀

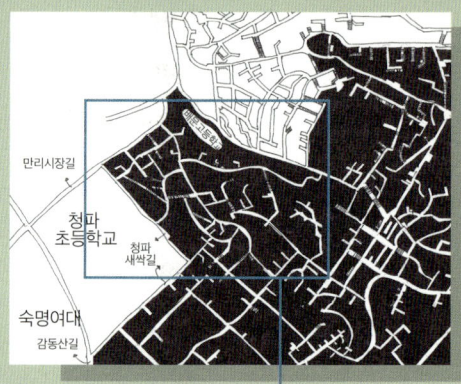

그림 16 | 청파동 만리시장2길과 만리시장3길 일대 부분 확대 지도.

그림 17 | 청파동 만리시장2길. 부분적으로 남아 있는 옛날 좁은 골목.(왼쪽)
그림 18 | 청파동 만리시장3길. 이 길은 좁고 낮지만 사람 통행이 많은 주요 길이다.(오른쪽)

어 가장 특이하다. 길은 좁고 양옆의 담도 낮다. 폭은 세 걸음, 높이는 사람 키만큼으로 매우 아늑한 휴먼 스케일을 잘 지키고 있다. 이런 크기에 비해 사람들의 통행이 무척 많다(그림 18). 배문고등학교와 바로 맞닿아 있고 청파초등학교도 지척이라 학생들이 많이 다닌다. 등교시간에는 할아버지가 손자의 손을 잡고 학교에 데려다주는 장면도 쉽게 볼 수 있다. 젊은 사람, 아주머니, 아저씨도 많이 다니고 오토바이도 쉴 새 없이 오간다. 오토바이 한 대면 꽉 차는 폭이지만 사람들은 익숙하게 피한다. 늘 겪는 일인가 보다. 이런 길이 상당히 긴 거리로 거의 일직선으로 이어진다. 이 길은 만리시장 일대에서 청파대로로 나가는 지름길이다. 유일한 통로라고도 할 수 있다.

연립 계단과 골목길의 기억

청파동 일대의 대표적인 특징은 골목길과 함께 다세대주택과 연립주택이다. 이런 주택에서 골목길의 아늑한 정취를 느낄 수 없다. 인동간격, 주차, 소방도로 등의 문제 때문에 길은 넓어질 수밖에 없다. 달동네의 불량주택 몇 필지를 합쳐서 부분개발을 하는 과정에서 길도 함께 넓혔다. 용산2가동의 미리내길 일대가 대표적인 예다. 일반적으로 전면적인 아파트 재개발이 일어나지 않은 동네에서는 가장 흔하게 발견되는 현상이기도 하다. 이런 곳은 동네 하나를 싹 밀어버리지 않았다는 점만 다행일 뿐, 골목길의 순도만 따지면 그 특유의 정취는 사라졌다고 볼 수 있다.

청파동은 다르다. 청파동은 다세대와 연립에 골목길의 흔적을 남기고 있다. 길 자체는 다른 일반적인 동네와 마찬가지로 넓어졌지만 골목길의 기억을 흔적으로 남긴다는 점에서 중요한 차별성을 띤다. 기억의 흔적은 계단을 통해 표현된다. 골목길의 갈림길과 꺾임 구도가 다세대와 연립의 계단에 반영되는 것이다. 거꾸로 얘기하면, 다세대와 연립의 계단은 여러 갈래로 갈라지고 방향이 분산되며 꺾임이 많은데 이런 특징들은 골목길의 갈림길과 꺾임이 반영된 결과이다 (그림 19).

골목길은 넓어지고 변했지만 그 구도의 특징은 완전히 사라지지 않고, 사람들의 기억에 남아 새로운 주거 형식에 어떤 식으로든지 이식되고 투영된다. 계단은 여기에 가장 적합한 어휘로, 바뀐 상황에 맞는 새로운 재해석의 한 형식이다. 이식과 투영은 의식적일 수도 있고 무의식적일 수도 있다. 의식적일 때는 실용적 목적이 주를 이뤄,

그림 19 | 청파동 샘3길. 다세대주택의 계단은 수없이 갈라지고 꺾이며 골목길의 구조를 기억해낸다.

세대마다 통로를 다르게 주려는 기능적 배경이 주된 원인이다. 다세대와 연립을 수직으로 쌓아 올린 개인주택으로 이해하겠다는 의도다. 각 세대는 개인주택처럼 별도의 출입문을 원한다. 1990년대 이후에 개인주의가 심화되면서 세대별 독립성을 강화하려는 현상이기도 하다. 이런 사회 현상이 반영된 결과로, 대문 자체를 세대마다 가급적 다르게 하다보니 각 세대는 독립적 계단을 갖게 된다(그림 20). 지하 세대로 내려가는 문, 1층 세대로 통하는 문, 2층 세대로 올라가는 문 등이 제각각 따로 뚫려야 한다. 결과적으로 한 채의 주택에 여러 갈래의 계단 길이 만들어진다.

여기에 수직이동이 더해지는 상황도 중요한 변수다. 골목길에서 갈림길이 주로 수평이동인 것과 다르다. 수직이동에서는 한 층을 한

그림 20 | 청파동 배다리1길. 다세대주택에서 각 세대마다 다른 출입구를 갖는 과정에서 계단의 갈래가 발생한다.

번에 못 오르기 때문에 중간에 꺾임이 일어나게 마련이다. 한 층을 오르는 데 꺾임이 두 번이나 세 번까지 일어나는 일도 흔하다. 수평 방향의 골목길에서보다 갈래 수와 꺾임이 더 급해지고 많아지므로 계단은 몸통을 여러 번 감아 돌며 올라간다. 계단의 방향도 긴장감 넘치게 급변하는데, 필지가 불규칙한 것도 또 다른 중요한 변수다. 집이 네모반듯하지 않고 그 형태가 사선 방향으로 불규칙하기 때문에, 여러 갈래의 계단이 여러 번 꺾이며 감아돌 수밖에 없다. 그로 인해 계단의 분산성이 증폭되었다. 따라서 수평 방향의 골목길보다 훨씬 역동적이고 긴장감 넘치는 수직 방향의 갈래와 꺾임이 일어난다.

 무의식적인 것으로 본다면 골목길의 특징이 조형의식으로 환원되었다고 할 수 있다. 위에 언급한 기능성, 수직이동, 불규칙한 필지만으로 이런 특이한 계단 구조를 설명하기에는 부족하다. 반드시 이런 식이 아니라도 다른 해결책이 많다. 그럼에도 이런 식으로 나타났다는 것은 무엇인가에 이끌렸다는 얘기다. 그 무엇인가란 바로 골목길의 공간적 특징이 기억이라는 매개를 통해 얻어진 무의식적 조형의식이다.

 이것은 골목길에 전통 공간의 개념이 일정 부분 이식된 현상의 연장이다. 우리의 전통 공간 역시 갈림길과 꺾임이 주요 특징이다. 이런 특징은 사찰의 진입공간과 한옥의 순환공간에 잘 나타난다. 전이공간은 또 다른 좋은 예다. 전통건축은 내부와 외부, 사적 영역과 공적 영역 사이의 이분법적 대별 구도를 뚫고 한 켜의 공간을 더 확보한다. 내부인 동시에 외부이고, 사적인 동시에 공적인 전이공간이다.

 이런 공간은 20세기 근대기에 접어들어 대도시 골목길이 형성되는 과정에서 잊히거나 사라지지 않고 모습을 바꾸며 계속 이어졌다. 시대와 장소를 관통해 하나의 연속적 흐름으로 이어진 것이다. 이런 연속성은 골목길에서 다세대-연립으로 전환이 일어난 곳에서도 똑같이 나타났다. '1950~60년대의 골목길'이 '1980~90년대의 다세대-연립'으로 시간과 장소를 달리했지만, 갈림길과 꺾임이라는 한국인의 공간 의식이 계단으로 모습을 달리하며 계속 이어져 나타난 것이다(그림 21).

요약하면 시간의 흐름에 따라 '전통 공간-골목길-다세대나 연립'으로 연속적인 이식이 일어난 것이다. 이것은 개별적 전환의 상황에서 일어나는 기억의 이식이다. '개별적 전환'이란 독재정권의 공권력이나 대규모 아파트 재개발의 경제권력 같은 거대권력의 개입 없는 개개인의 부분개발을 의미한다. 이것은 소규모의 자발적 재개발로서

그림 21 | 청파동 청파새싹4길. 다세대주택의 계단은 한국인의 전통적인 공간 의식과 조형 의식을 기억하는 마지막 보루이다.

휴먼 스케일을 벗어나지 않는 범위 내에서 조형 환경의 전환이다. 울트라 휴먼 스케일의 선험적 폭력이나 거대담론의 허구적 유토피아 강박증이 개입하지 않은 상황이다.

이런 상황에서 이전 조형 환경의 기억이 지워지지 않고 무의식적 공간 의식으로 남아서 새로운 형태로 이식된다. 다세대나 연립의 계단에 나타난 독특한 공간 의식은 이것을 증명한다. 같은 계단이라도 오피스빌딩이나 아파트의 일직선 계단구도와 분명하게 구별되는 것이 특징이다. 이런 일직선 계단은 거대권력이 울트라 휴먼 스케일의 근대화라는 선험적 폭력을 앞세워 허구적 유토피아를 강요한 결과물에 해당되는데, 다세대나 연립의 계단은 이것과 대비되는 소시민의 귀납적 근대성을 대표한다. 이것은 사회나 민족 단위의 정체성을 형성하는 모태가 되며, 좀 더 확장하면 지역주의를 이루는 과정이기도 한 것이다.

청파동에 숨은 장면들

청파동 청파새싹1길 | 다세대주택의 계단은 골목길의 연장이다. 계단은 자신을 공유함으로써 골목길의 일부분으로 남는다. 맨 앞에 골목길의 계단이 있다. 여기서 끝나지 않는다. 1층으로 들어가는 계단이 테라스와 함께 또 하나의 길을 만든다. 2층으로 올라가는 계단은 꺾여 올라간다. 아직 끝나지 않았다. 깊이 들어선 마지막 집은 문을 열어 계단을 골목길과 이어 놓았다. 계단은 하나만 보이지만 속에 들어가면 각 세대로 들어가는 몇 갈래가 더 있다. 이런 다세대의 계단들은 사적 영역과 공적 영역 사이의 중간 상태다.

청파동 만리시장4길 | 은행나무 한 그루가 힘차게 솟아 있다. 이 나무는 이 집의 자랑인 동시에 동네의 랜드마크다. 이 집의 힘인 동시에 복잡한 골목길 속에서 이정표 역할도 한다. 나무 아래 옥상을 활용할 공간을 내기 위해 나무 중간의 가지들을 쳐냈다. 형상은 하늘로 치솟는 것처럼 힘이 있고 랜드마크 기능은 배가된다. 이 집의 아저씨는 하루에도 몇 번씩 옥상에 올라와 이 나무 아래에서 이런저런 일을 한다.

청파동 청패길 | 슈퍼 주인아저씨가 감각이 있다. 음료수 병을 이용해서 그림 같은 장면을 연출했다. 자기 가게 앞을 오가는 사람들에게 작은 시각적 서비스를 하는 셈이다. 팝아트 그림을 보는 것 같다. 주인아저씨도 동네 주민의 한 사람이기에 이런 서비스를 생각했을 것이다. 매직펜으로 꼭꼭 눌러쓴 '쌀·형광등·얼음/아이스크림 50%'라는 문구도 정겹다. 손맛이 느껴진다. 모두 골목길 슈퍼에서나 만날 수 있는 풍경이다.

청파동 만리시장4길 | 문의 구성미가 뛰어나다. 문패가 하나 붙은 걸 보니 한 집인가 보다. 집이 길다 보니 한 집인데도 대문을 두 개 냈다. 창도 둘뿐이다. 어울림이 절묘한 것이, 구성 분할이 일품이다. 꼭 필요한 것만 필요한 장소에 냈으니 품위를 획득했다. 집을 위아래로 반을 나눠 아래는 시멘트를 거칠게 뿌렸고 위는 희게 놔두었다. 집은 허름하지만 추상미까지 함께 갖추었다.

청파동 미나리2길 | 가훈 액자를 골목길에 걸었다. 쓰레기 재활용이다. 좁은 골목길이 집 안처럼 느껴진다. '아침엔 희망에 살고 낮에는 노력에 살며 밤에는 반성에 산다.' 흔치 않은 좋은 구절이다. 아침에 희망을 품고 일터로 나갈 때 한 번 읽고 낮에 일터에서 열심히 일하는 동안 기억했다가, 밤에 집에 돌아오면서 한 번 더 읽게 되어 있다. 힘든 소시민 생활을 헤쳐 나가려는 적극적 의지가 돋보인다.

청파동 청패1길 | 청파어린이도서관 입구에 그려진 벽화다. 오즈의 마법사 팀이 나들이를 나섰다. 도로시는 말괄량이 삐삐 같기도 하고 알프스 소녀 하이디 같기도 하다. 삽살개가 빨간 리본을 달았고 로봇은 도끼를 들고 나무를 하러 가나 보다. 꼬리를 흔드는 사자도 발걸음이 경쾌하다. 길에는 꽃이 피었고 배경은 숲속이다. 자칫 삭막해질 뻔한 회색 벽이 오히려 가장 활기찬 장면이 되었다.

장작과 참새

서계동은 청파동과 만리동 사이에 끼어 있다. 길을 기준으로 하면 청파대로와 만리재길 사이에 낀 동네다. 서부역 건너편에서 시작해 남쪽으로는 청파동 경계까지, 서쪽으로는 만리재길까지 해당하는 동그란 지역이다(그림 1). 다른 골목길들이 경사지에 형성된 것과 달리 이 동네는 대부분 평지에 형성되어 있다. 만리재길은 오르막이기 때문에 만리재길에서 보면 분지처럼 밑으로 내려가 있고, 청파동과 맞닿은 지역만 경사가 졌다. 이 지역은 청파동의 경사지로 올라가는 경계부가 된다(그림 2).

청파대로와 만리재길이라는 큰길 둘을 끼고 있는 점도 이 동네의 특징을 형성하는 중요한 변수다. 큰길을 접한 면에는 대형건물, 병원, 주유소, 상가, 작은 공장, 여관 등이 들어서 있다. 겉으로 보기에는 골목길의 정취와는 거리가 멀어 보인다. 서울역을 코앞에 둔 점도 그러하다. 조금만 나가면 우리나라에서 제일 큰 역이 있으니 번잡할 수밖에 없다. 그러나 속으로 조금만 들어가보면 아직 옛날 골목길이 제법 남아 있다.

조선시대에 서계동은 작작굴이나 배다리골로 불렸다. '작작'이라는 뜻은 장작(長斫)의 '작'과 참새의 '작(雀)'을 합친 말이다. 장작의 '작'은 이 일대가 용산강이나 욱천(旭川)을 거슬러온 볏짚과 땔감 들이 집하되어 신탄(薪炭) 시장을 형성한 지역이던 데서, 참새의 '작'은 이 일대에 참새 떼가 많이 모여들었다는 데서 유래한다. 배다리골은 욱천에 놓인 다리로 서계동과 청파동을 가르는 경계였다. 여기서 배달리길이란 명칭이 유래한다.

서계동은 청파동과 마찬가지로 교통의 요지였다. 두 동네가 붙어

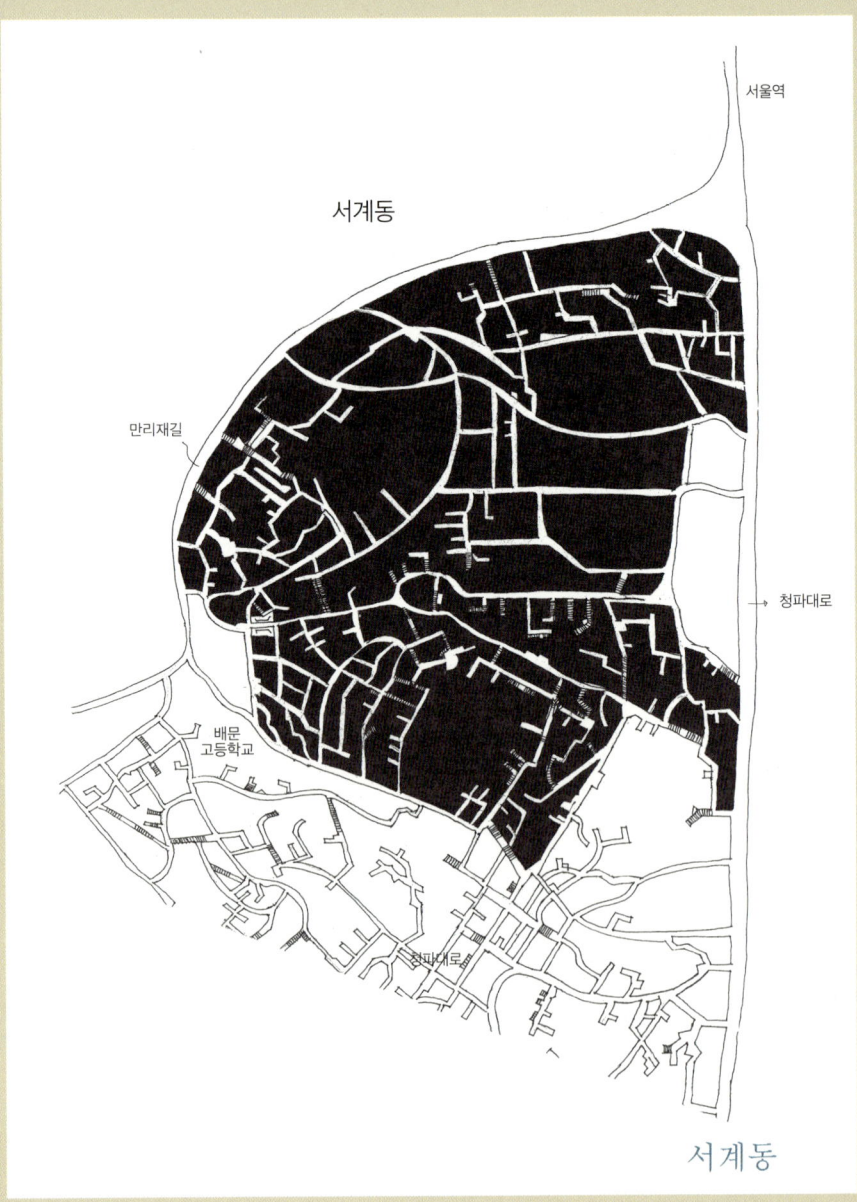

그림 1 | 서계동 전체 지도

그림 2 | 서계동 전경. 전통성과 근대성이 강하게 충돌하는 지역이다.

있으니 특징이 같은 건 당연하다. 다만 청파동은 역졸들이 모여 사는 곳으로 말 그대로 이동의 요지이던 데 반해, 서계동은 물건들이 모이는 장터의 의미가 더 강했다. 서계동의 이런 전통은 지금도 일부 이어져서 만리시장을 끼고 있으며 큰길가를 따라 1950~70년대의 오래된 가게들도 많이 남아 있다. 서계동이라는 이름의 유래는 정확히 알려진 것이 없다. 일제 강점기 때 일본 사람들이 부르던 이름을 이어받았다는 정도만 알려져 있다.

 서계동의 골목길은 그 속을 채우고 있는 집의 특징에 따라 크게 세 종류로 나눌 수 있다. 첫 번째는 도시형 한옥을 중심으로 비교적 오래된 집들이 남아 있는 곳이다. 이런 곳에는 옛날 골목길의 정취가 제법 남아 있다(그림 3). 다만 골목길이 오래 이어지거나 넓은 면적을 형성하지 못하고 단편적이라는 점이 아쉬움을 자아낸다. 두 번째는 다세대주택이나 연립주택으로 개조한 곳으로, 부분개발이 일어난 지역이다. 계단에 골목길의 기억이 표현되는 공간적 특징이 나타나는 동시에 부분개발의 문제점도 관찰되는 양면성을 보인다(그림 4). 세 번째는 대로를 면한 곳으로 1950~70년대의 오래된 가게들이 아직 남아 있어서 풍물을 관찰하는 재미를 발견할 수 있다는 것이다(그림 5).

그림 3 | 서계동 서계2길. 짧은 마디로 옛날 골목길이 남아 있다.(왼쪽)
그림 4 | 서계동 서계9길. 계단을 통한 골목길의 기억이다.(가운데)
그림 5 | 서계동 서계1길. 대로를 면한 길에는 1960년대 가게들이 남아 있다.(오른쪽)

서계동

이외 상업건물이나 새로 개조한 집들 사이에도 옛날 골목이 짧은 마디 단위로 남아 있기도 하고 옛날 집들이 점점이 박혀 있다. 이것들은 온전한 골목길을 형성하지는 못했지만 단편적 흔적으로 골목길의 정취를 간직하고 있다(그림 6).

서계동은 대로를 접한 지역에 상가들이 너무 많이 들어차서 재개발이 힘든 지역이다. 재개발이 힘들기 때문에 부분개발은 활발히 진행된다. 청파동과 마찬가지로 다세대와 연립이 동네의 주축을 이룬다. 주변 집들이 자꾸 개조되어가는 것에 스트레스를 받았는지 한 할머니가 관심을 보이며 말을 걸어왔다. 골목길 연구하는 사진작가라고 하자 기특하다는 듯, 예뻐 죽겠다는 눈빛으로 얘기를 들려준다. 누구네 집이 얼마 들여서 새로 지었고 누구네랑 누구네가 합쳐서 다세대로 올려서 집세를 한 달에 얼마씩 번다는 얘기들이다. 당신도 하고는 싶은데 돈이 없어서 못 한다고 했다. 얼마 전에는 집장사가 당신네랑 그 옆집 몇 군데를 합쳐서 연립을 짓자고 했는데 못미더워서 거절했다고 했다. 못미더운 것도 못미더운 거지만 오래 산 집을 함부로 헐 용기가 나지 않는다고. 그냥 사는 데까지, 살 만큼 살다 죽을

그림 6 | 서계동 다래2길. 파편처럼 박혀 있는 골목길의 흔적이다.

거라 했다. 그러면서 "어디서 돈 받고 사진 찍는 거야?" 하며 물어오신다. "아니에요, 그냥 제 돈 들여서 혼자 하는 거예요"라고 하자 쯧쯧 혀를 차시며 "아, 돈도 안 되는 일 뭣 하러 해. 젊어서 열심히 벌어놔야지. 누가 돈 준다면 그때 해"라신다. "그때까지 기다리다 할머니집 헐리면 어떡해요" 하자, "아니야, 우리 집은 안 헐고 그냥 살 거야. 걱정하지 마. 그럼 마저 찍고 가" 하시며 동네 쪽으로 나가신다.

충돌하는 근대성과 전통적 귀납성

서계동도 청파동과 비슷하게 한국 현대사가 압축적으로 혼재하는 곳이다. 혼재의 양상은 두 동네가 다르다. 청파동의 혼재는 시대를 달리한 여러 주택 양식의 공존으로 나타나는 반면, 서계동의 혼재는 근대성이 무섭게 충돌하는 형식으로 나타난다. 서계동에서는 1950~60년대 전통이 1980~90년대 신흥 분위기와 충돌한다. 1950년대 전통은 도시형 한옥과 서민형 주택으로 대표되고, 1960년대 전통은 가내수공업 공장, 재래시장, 상가, 음식점 등 기본적인 상업시설들로 구성된다. 1980년대 신흥 분위기는 다세대주택과 연립주택으로, 1990년대 신흥 분위기는 새로 지은 대형 건물로 나타난다. 최첨단 양식의 서울역이 대표적 예이며, 큰길가에서 안으로 5~10층 사이의 새 건물들이 밀고 들어왔다.

서계동에서는 세 종류의(서로 다른) 시간성이 청파동에서처럼 조화롭게 공존하지 못하고 어색한 갈등을 빚는다. 한옥이 몇 채 어렵게 버티고 있는 짧은 골목 마디를 나서면 곧바로 큰 회사 사옥이 서 있다(그림 7). 한옥의 지붕처마를 새로 지은 빌딩이 내려다보고 있다.

1950~60년대의 골목길은 지저분한 상태로 방치되어 있고, 그 옆에 연립촌이 빽빽하게 들어서 있다. 연립촌은 좁은 이동간격 때문에 영구음영이 드는 등 불쾌한 긴장감이 넘친다. 대문 서너 개가 어울려 모이는 등 골목길의 공동체 정취를 지켜내려 몸부림을 치지만 힘에 겨워 보인다(그림 8).

대비적 구도는 서계동 전체에 걸쳐 여러 곳에서 찾을 수 있다. 시간 마디는 단절되어 단순 병렬을 이루고 있다. 서로 어울릴 생각은 없어 보이고 각기 제 갈 길을 간다. 사람들은 골목길의 정취 같은 데는 큰 관심이 없어 보인다. 관심은 부분개발에 모아져 있는 것 같다. 능력이 되어서 부분개발을 할 수 있으면 최고고, 그게 안 되면 그만이라는 분위기다(그림 9). 신흥개발지 같은 어수선함이 동네 전반에 퍼져 있다. 전면적인 아파트 재개발과는 다른 문제점이다. 근대성에 초점이 모아진 부분개발이 빚는 부조화다.

이런 가운데 다솔길-청패7길-청패8길로 이어지는 골목길 동네가 깊숙한 곳에 보석처럼 박혀 있다. 사방에서 신흥개발이 밀고 들어오며 충돌하지만 계단과 축대 등을 방패 삼아 옛 정취를 잘 지켜내고 있다. 어려운 환경에 놓여 있지만 그럴수록 신흥개발이 맹신하는 근대성에 대비되는 전통적 귀납성을 확인할 수 있다. 귀납성은 골목길 윤곽을 대표하는 물리적 특성인 비정형성으로 요약된다. 이것의 배경으로 무계획성, 익명성, 일상성을 들 수 있다.

그림 7 | 서계동 서계6길. 충돌하는 근대성 속에서 한옥이 힘겹게 고층건물과 대비를 이룬다.(위)
그림 8 | 서계동 청패8길. 문들의 어울림은 충돌하는 근대성 속에서 공동체의 기억을 지키려는 몸부림이다.(가운데)
그림 9 | 서계동 서계2길. 부분개발에서 낙오된 골목길의 흔적이 무기력한 단편으로 남는다.(아래)

무계획성이란 누군가 한 사람에 의해 모든 것이 처음부터 치밀하게 계산되어 실행된 것에 대한 반대개념이다. 즉 선험성의 반대개념으로, 매 순간 현장에서 그때그때의 상황에 맞는 방향으로 진행하는 방식이다. 현장성과 경험성을 포함하는데 이 둘은 이익충돌을 해결하는 실용적 목적도 띤다. 필지가 정식으로 확정되지 않은 공지에 사람들이 갑자기 몰려들어 살기 시작하면서 집 사이에 충돌이 일어났을 것이다. 땅을 둘러싼 이익의 충돌이다. 담을 쌓고 길을 내는 과정에서 어깨와 어깨가 부딪히고 지붕과 지붕이 겹쳤다. 현장에서 즉석으로 이해 당사자들끼리 모여 이것을 해결했다. 조금씩 양보하고 타협하면서 적당한 선에서 집과 담의 골격이 잡혔고 그 사이로 길과 계단이 났다. 이 과정에서 골목길의 조형은 불규칙하고 비정형적으로 나타났다(그림 10).

그림 10 | 서계동 다솔2길. 골목길의 비정형 구도는 귀납성의 의미를 갖는다.

익명성은 정식 건축가가 아닌 이름 없는 사람들이 조형 형성의 주인이라는 의미다. 집을 짓는 장인 정도는 고용하겠지만 장인의 관여는 어쩔 수 없는 전문기술에 국한된다. 나머지는 집주인이 결정한다. 팔을 걷어붙이고 직접 공사에 뛰어드는 일도 많다. 실행자와 사용자가 일치하는 셈인데, 그렇기에 책

임의식이 높고 기능성도 좋다. 이런 점에서 익명성은 직접참여 혹은 요즘 유행하는 DIY(Do It Yourself)의 좋은 예다.

일상성은 이름 없는 서민들이 하루하루 살아가는 평범한 공간이라는 의미다. 화려한 가식이나 자극적 호객 없이 사람살이가 진솔하게 드러나는 잔잔한 무채색의 공간으로, 서울이 사람 사는 곳임을 말해주는 마지막 보루다. 우리가 값지다고 알고 있는 것과 완전히 다른 평범한 소시민들의 세계가 엄연히 살아서 잘 돌아가고 있다. 오래된 서민들의 생생한 일상이 흔들림 없이 돌아가는 생활의 장은 분명 또 하나의 세계다. 이들이 서울의 진짜 주인이다. 묵묵히 살아가는 이름 없는 주인이다. 너무 그저 그렇기에, 그래서 소중하고 저력 있게 살아 있는 공간이다.

해질녘 피아노 소리와 된장찌개 냄새

이런 의미를 띠는 골목길의 귀납성은 여러 사람이 오랜 시간에 걸쳐 모은 즉흥적 지혜의 산물이다. 그 결과 골목길에는 별의별 것이 다 모여 있다. 단순히 조형이 비정형적이라는 데 그치지 않는다. 작은 공간을 절묘하게 아끼고 나누어 쓰는 지혜가 번득이며, 작은 덩어리 조각도 알뜰하게 이용하는 기발한 창조성도 관찰된다. 어울림의 미학이 절절하고 구성미와 조화미가 뛰어나다. 추상으로 절제하고 구상으로 보상하니, 율동미를 살리고 호기심을 키운다.

생활 소품들이 집 밖에 많이 나와 있다. 집이 좁아서 공적영역을 사적영역이 침범한 것이다. 생활 소품은 골목길과 잘 어울리며 풍경을 풍부하게 해준다. 집 앞 골목길에는 빨래, 화초, 가구, 양동이, 대야, 자전거, 장난감, 이륜차, LPG 가스통 등 별의별 것들을 다 내어 놓았다(그림 11). 어린아이도 빠질 수 없다. 다소 겁먹은 얼굴로 빤히 쳐다보기도 하지만 대개는 방긋 웃는 미소로 말을 걸어온다. 몇 살이니 물으면 수줍은 듯 손가락으로 숫자를 펴 보이곤 뒤돌아 뛰어간다. 화초도 참 많다. 여백이라도 있으면 화초로 채운 집이 많다.

역시 빨래도 빠질 수 없다. 하루 종일 햇빛을 받으며 우두커니 서 있다가, 그림자가 덧없이 스러지고 난 뒤의 섭섭함을 달래주는 빨래는 가족살이의 정이 담긴 소품이다. 빨래가 예쁠 수 있다는 걸 깨닫는 것도 골목길 동네에서다. 빨래는 색으로 다가온다. 골목길에 빨래가 많은 것은 집이 좁기 때문이기도 하지만 집 밖 골목이 전이공간의 성격을 갖는다는 이유도 있다. 골목은 집 안이라는 사적영역과 집 밖이라는 공적영역 사이의 중간 성격이다. 빨래도 종종 도둑을 맞기 때문에 골목에 빨래를 넌다는 것은 골목의 공간적 성격이 완전히 공적영역에 노출되어 있지 않아야 가능하다.

소리도 중요한 요소다. 어린아이 노는 소리, 트럭에 농산물 싣고 와서 파는 소리, 야채 값 깎는 소리, 엄마가 애들 부르는 소리, 세탁소

그림 11 | 서계동 다솔길. 생활소품은 일상성의 의미를 깨우친다.

재봉틀 소리, 개 짖는 소리 등은 골목길의 정취이다. 이런 집 밖 소리만이 아니다. 집 안 소리가 골목길로 흘러나오면서 함께 섞인다. 바이엘 치는 피아노 소리, 젓가락 행진곡의 똥땅거리는 소리, 기타 치며 노래 부르는 소리, 라디오나 텔레비전 소리, 도란도란 얘기 소리, 큰 소리로 다투는 소리, 통통통 도마 소리, 철문 열고 닫는 소리 등 이런저런 일상생활의 소리들이다. 골목길에는 생활 속 소리들이 분명히 살아 있다. 냄새도 빠질 순 없다. 된장찌개나 김치찌개 끓이는 냄새가 없다면 골목길은 몇 배는 삭막할 것이다.

골목길은 하루라는 시간의 흐름에 따른 사람들의 정서가 세밀하게 살아 있는 공간이다. 이 가운데 골목길에 가장 잘 어울리는 감성은 늦은 오후 해 넘어갈 때 조금 서글퍼지는 느낌이다. 단순한 감상은 아니다. 늦은 오후의 느낌에는 하루 일과를 마치는 보람찬 흥겨움, 집으로 발걸음을 향하는 귀소성(歸巢性), 소시민적 휴식, 식구들이 서로를 기다리기 시작하는 설렘 등이 복합적으로 들어 있다.

이것들은 모두 차분함과 안정감으로 귀결된다. 주변이 적막해지면서 신경은 넉넉해지고 시간이 느리게 가기 시작하는 차분함, 뉘엿뉘

그림 12 | 서계동 다솔2길. 골목길은 사람의 정서를 헤아리는 어머니의 품 같은 공간이다.

엿이라는 말의 맛을 느낄 수 있는 분위기. 사람들의 행동은 느릿해지고 여유가 생긴다. 저녁 반찬거리를 준비하는 행복한 시간이자 밥 짓는 모성의 시간이다. 어머니의 품 같은, 어머니의 존재 같은 시간이다. 이런 시간을 담을 수 있는 공간이 골목길이다. 한국인의 영원한 본능인 무조건적 모성과 가장 잘 어울리는 공간이 이런 골목길이다 (그림 12).

종합해보자. 장소는 골목길이다. 시간은 해 넘어갈 즈음이다. 상황 설정은 똥땅거리는 피아노 소리와 통통거리는 도마 소리가 이중주를 부르고 여기에 된장찌개 끓이는 냄새가 합세한다. 아이가 "엄마!" 하고 부르면서 문 열고 신발 벗어던지며 집 안으로 들어가는 장면이 클라이맥스다. 이것이면 충분하다. 차고 넘쳐 너무 고마운 장면이다. 이것으로 병도 이기고, 겨울 추위도 이기고, 사춘기의 고민도 이기고, 거센 물가고도 이기고, 가진 자의 텃세도 이기고, 사람을 미워하는 증오와 화도 이기고, 어른이 되어 사회에 나가 겪는 거친 세파도 이기며 살아갈 수 있다.

두레, 다래, 다솔

다시 서계동으로 돌아가자. 서계동에도 재미있는 길 이름이 많다. 서계동의 길에는 순우리말이 많이 쓰였다. 두레길의 두레는 힘을 모아 공동으로 일을 하려고 만든 모임이란 의미고, 다래길의 다래는 목화의 덜 익은 열매라는 의미다. 다래길은 아직 피지 않은 목화 열매처럼 희망과 가능성을 지닌 길이라는 의미를 품고 있다. 다솔길의 다솔은 소나무와 같이 언제나 푸르고 곧은 사랑을 의미한다. 좋은 말은

다 모아놓은 것 같다. 이렇게 아름다운 우리말이 있다는 것을 새롭게 배운다.

서계동은 서계길, 두레길, 다래길, 다솔길의 네 길이 골격을 이룬다. 이 네 길이 시리즈로 분화하면서 수많은 갈림길이 나오는데, 서계동의 길 얼개에는 특별한 규칙성이 없다. 빌딩들이 들어서기 시작하는 청파대로 쪽 초입에만 넓은 일직선 길이 나 있을 뿐 조금 속으로 들어가면 길 구도는 복잡다단하다. 둥그런 동네 전체를 크고 작은 수많은 길이 아무 방향으로나 가르고 지나간다(그림 13). 서계동은 면적도 넓고 길도 복잡하며 이질적 공간들이 충돌하고 있기 때문에 일곱 지역으로 세분해야 그 특징을 파악할 수 있다.

첫 번째는 다래1길-서계6길-만리재길 사이의 지역으로 다래2길, 다래3길, 서계9길 등이 주요 길이다. 이 지역은 만리재길이 바깥 윤곽을 형성하고 다래1길이 안쪽 윤곽을 형성하는 가운데 그 사이를 다래2길, 다래3길, 서계9길 등이 교차하며 가른다. 교차 방식은 규칙성 없이 자유롭게 만났다 헤어지고 꺾였다 끊기는 복잡한 구도다. 이 세 길 가운데 다래2길과 서계9길은 옛날 골목길을 잘 유지하고 있는 반면 다래3길은 연립촌으로 부분개발이 되었다(그림 14). 다래2길과 서계9길의 골목길은 큰 찻길과 새로 지은 연립주택 사이에 움푹 파묻힌 형국으로, 만리재길을 면한 쪽에는 1960~70년대 재래식 가게들도 많이 남아 있다.

두 번째는 서계2길-서계6길-청파대로-만리재길 사이의 지역으로 서계1길에서 서계8길까지의 서계길 시리즈가 주요 길이다. 이 지역은 근대성의 충돌이 가장 두드러지게 나타난다. 서계2길과 서계6길은 큰 찻길로, 바로 이면에 서계3길이 골목길을 힘들게 지키고 있다.

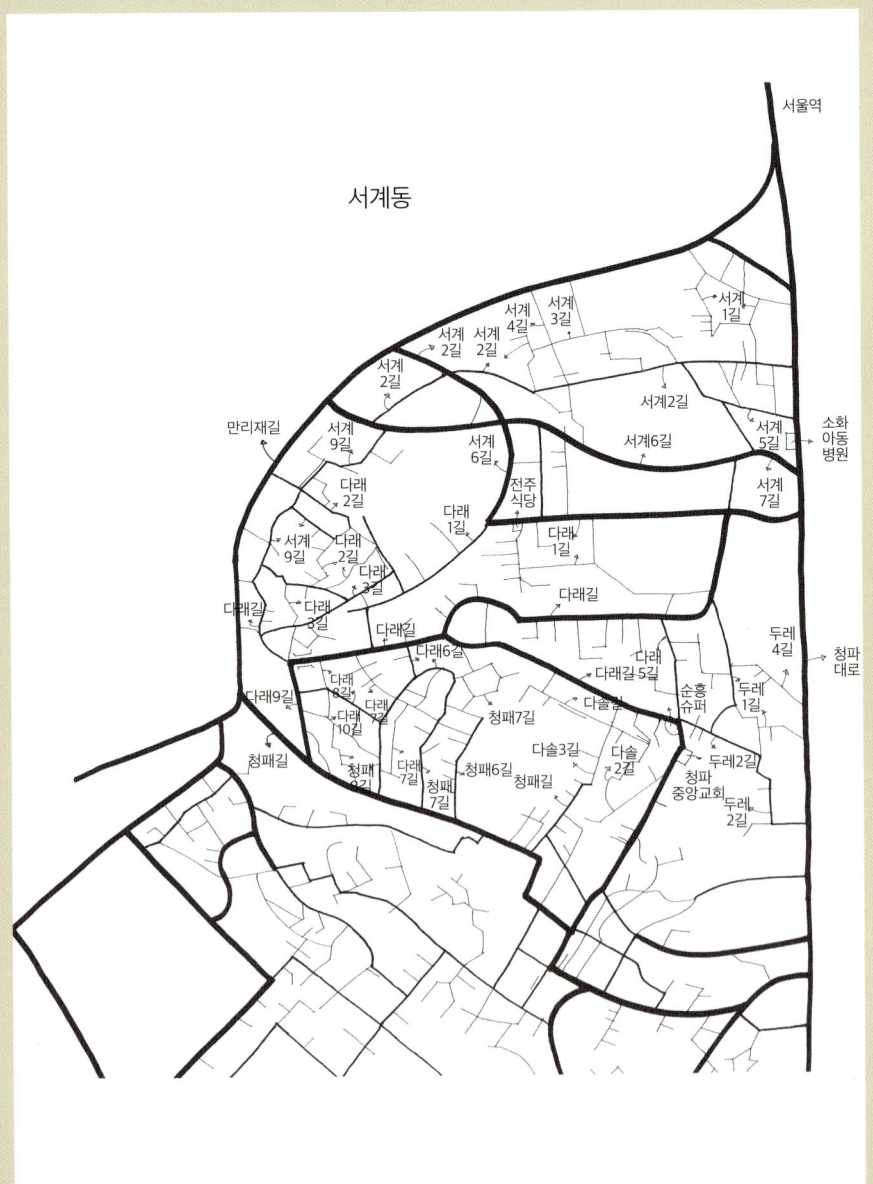

그림 13 | 서계동 길 얼개 지도

서계3길은 만리재길에서 한 켜 들어온 속에 박혀 있기 때문에 그나마 근대성의 충돌에서 한발 비켜설 수 있다. 서계1길도 길의 윤곽은 골목길의 흔적을 갖고 있지만 청파대로와 만리재길을 면하고 있기 때문에 상업시설로 많이 개조되었다.

세 번째는 서계6길과 다래길 사이 지역으로 다래1길 가운데 다래길과 평행하게 가는 일직선 구간이 주요 길이다. 일직선 길은 큰 찻길로 넓힌 길로, 이 길에서 좌우로 좁은 골목길들이 갈라진다. 골목길은 다래1길과 다래길 사이의 여러 갈래에 제법 남아 있다. 길 이름은 모두 다래1길인데 이 가운데 전주식당과 준희네 감자탕 사이에서 갈라져 들어간 길이 특이하다. 속으로 깊숙이 파고든 마른 길인데 중간에 오른쪽으로 네 갈래, 왼쪽으로 두 갈래의 가짓길이 있다. 가

그림 14 | 서계동 서계9길. 점점이 남아 있는 한옥은 골목길의 기억에 힘을 더해준다.

짓길 각각이 특이하기도 하려니와 왼쪽 첫 번째 가짓길은 다래1길과 평행하게 긴 거리를 달려 다래길로 이어진다.

네 번째는 다래길-다솔길-두레1길-두레2길 사이의 지역이다(그림 15). 다래길은 속으로 깊숙이 들어와 반 바퀴 빙글 돈 뒤 다시 일직선으로 계속 이어진다. 다솔길은 위쪽으로 나머지 반 바퀴를 더 만들며 원형길을 완성한 뒤, 다래길과 30도 정도 벌어진 각도를 유지하며 역시 긴 거리를 달린다. 이렇게 만났다 헤어진 다래길과 다솔길 사이에 옛날 골목길이 남아 있는데, 주로 다래길을 뼈대 삼아 갈라져 나온 가짓길들이다. 다래길과 다솔길 사이에 벌어진 틈을 연결하는 일직선 계단길이 다래5길인데, 이 길의 좌우에도 골목길이 가지를 뻗는다. 두레1길과 두레2길은 다래길과 다래5길을 청파대로에 연결한다.

다섯 번째는 다솔2길과 다솔3길 일대 지역이다(그림 15). 이 지역은 순도 높은 골목길이 남아 있는 핵심부로, 골목길은 다솔길로 둘러싸인 깊숙한 곳에 보석처럼 박혀 있다. 밖에서 보기에는 도저히 이런 골목길이 있을 것 같지 않다. 순흥슈퍼 옆에 막다른 길이 하나 갈라지고 그 옆으로 가짓길이 하나 더 갈라져 올라간다. 이 길이 다솔2길로 끊어질듯 끊어지지 않고 질기게도 이어진다. 속으로 들어갈수록 길은 좁고도 깊어져, 여섯 번을 곡예하듯 꺾이며 오른 뒤 마지막으로 빙글 돌아 평지로 내려온다.

여섯 번째는 청패6길-청패7길-다래6길 일대 지역이다(그림 15). 이 가운데 가장 중요한 길은 청패7길로, 서계동의 또 다른 숨은 보석이다. 청패7길은 두 부분으로 나뉜다. 한 부분은 다솔길에서 일직선 계단길을 타고 올라와 깊은 속에서 만날 수 있는 고릿길로, 비정형 오

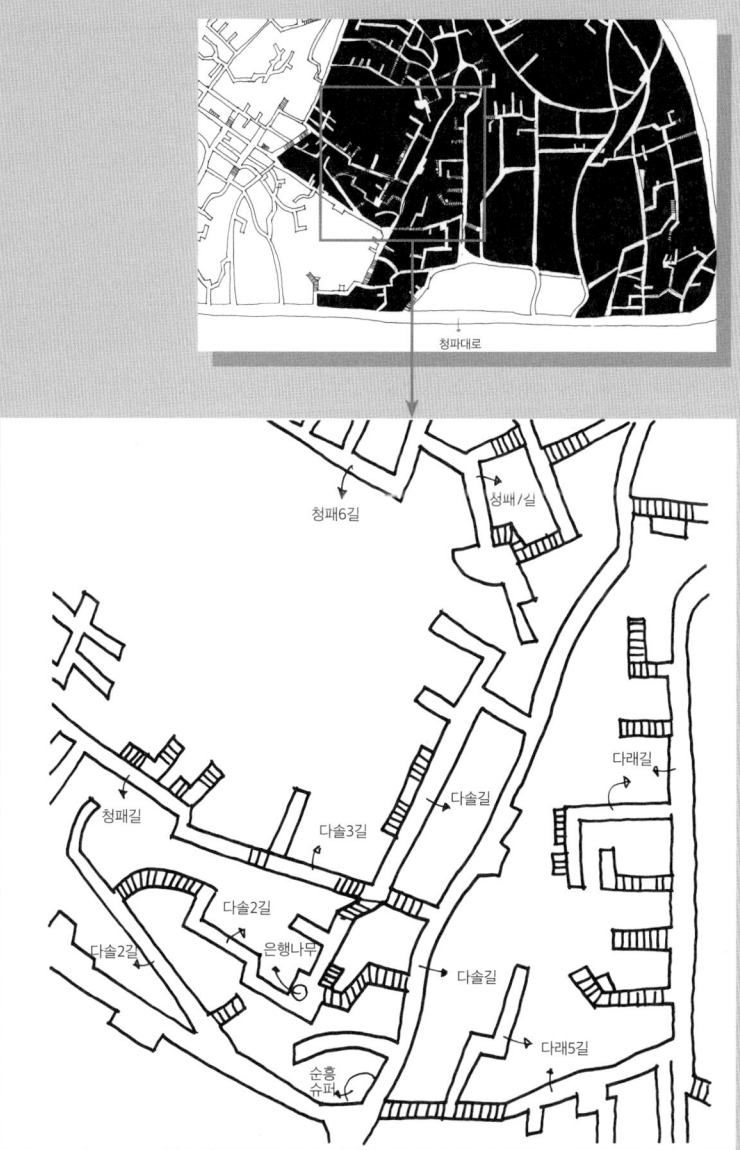

그림 15 | 서계동 다래길과 다솔길 일대 부분 확대 지도.

각형의 길이다. 이 오각형 속에 훌륭한 골목길이 굳건하게 살아 있다 (그림 16). 다른 한 부분은 청패길에서 갈라져 들어오는 일직선길이다. 이 길은 중간에 약간의 굴절이 있지만 일직선 상태를 잘 유지하며 계속 파고들어 기어이 고릿길과 이어진다.

일곱 번째는 청패8길-다래8길-다래9길-다래10길 일대 지역으로, 여기도 근대성이 충돌하는 지역인데 이번에는 연립주택을 통해서다. 청패8길에는 부분적으로 골목길의 흔적이 남아 있지만 이것은 기억의 파편일 뿐 대부분은 연립촌으로 개발되었다. 연립주택들은 새집이긴 하지만 행복해 보이지는 않는다. 오히려 더 어수선해지면서 옛날 골목길보다 못하다. 길의 윤곽이 허용하는 범위에서 꽉꽉 눌러 담은 분위기로, 고층 아파트와는 다른 저층과밀이다. 인동간격이 좁아서 사람을 짓누르는 불쾌한 압박감이 생기면서 휴먼 스케일은 깨졌다.

그림 16 | 서계동 청패7길. 계단을 올라 오각형의 고릿길로 이어진다.

계단의 기억과 종합구성

서계1길에서는 대로에 면한 가게들 사이에 버티고 있는 한옥과 골목길의 흔적이 안쓰럽다. 풍파 속에서도 한옥은 본래의 품위를 잃지 않고 잘 지켰다. 서계2길은 큰길과 작은 길로 나뉜다. 큰길에는 1960년대 가게들이 불규칙한 조형성으로 해학적 구성미를 보여준다. 단편적으로나마 1960년대 서민형 주택들이 남아 골목길의 기록을 전한다. 작은 길은 아직 골목길로 남아 있다. 도시형 한옥과 서민형 주택이 나란히 마주 보며 골목의 한 마디를 이룬다. 골목은 좁고 낮아 옛날 분위기 그대로다.

서계3길에는 1960년대 가게와 연립주택이 혼재한다. 골목길의 기억을 단편적으로 간직한 가게들 사이에 허름한 교회가 눈에 띈다. '예수보혈교회'다. 시장 안 오래된 국밥집처럼 찌그러져가지만 신도들의 신앙심은 대단해 보인다(그림 17). 연립주택은 청파동에서 본 것과 같은 '계단을 통한 골목길의 기억'을 가지고 있다. 계단은 한 건물 내에서는 복잡하게 얽히지 않고 규칙성을 유지하지만, 세대마다 다른 계단길을 가지면서 한 건물 내에서도 갈래가 많아진다. 여러 건물이 어울리면서 계단은 직각으로 교차하고, 그렇게 골목길의 꺾임 구도를 기억한다.

서계6길도 혼재 상황은 마찬가지다. 혼재는 여전히 충돌하지만 길이 여러 갈래에 걸쳐 있기 때문에 그 와중에도 재미있는 장면들이

그림 17 | 서계동 서계3길. 국밥집과 교회가 다르지 않음을 보여주는 1960년대의 교후이다

많다. 서계6길 가운데 큰길에서는 만리재길 초입에 있는 2층 건물 한 채가 독특하다. 1960년대 건물인 이곳에는 여러 세대가 어울려 산다(그림 18). 다세대주택인 셈이다. 문이 열 개 정도 나 있다. 집은 몇 세대인지 밖에서 세어서는 확실하지 않다. 예닐곱 세대쯤 되어 보인다. 집 배열이 불규칙하고 출입문의 높낮이도 조금씩 어긋난다. 문만 있는 집, 창도 있는 집, 베란다까지 있는 집 등 다양하다. 문과 창의 크기와 모양은 당연히 다르다. 창과 문이 어울려 구성미를 만들어내는 것은 정해진 수순이다. 절제된 추상의 범위는 훌쩍 넘었지만 여전히 서민형 주택 특유의 단순한 구성미를 유지하고 있다. 계단도 끼어든다. 계단은 4~5단짜리와 정식으로 한 층을 다 올라가는 것 두 가지로, 4~5단짜리는 양쪽에서 진입해서 중간에 평대가 있다. 평대 위

그림 18 | 서계동 서계6길. 비정형성과 정형성 사이의 절묘한 균형 잡기는 흥겨운 율동미로 이어진다.

에는 출입문 둘이 사이좋게 나란히 나 있다. 한 층짜리 계단은 다닥다닥 모여 있는 세 개의 문 위를 가로질러 딱 하나의 문으로 통한다.

다래길은 뼈대길-가짓길의 전형적 구도를 보인다. 경사를 파고 올라가는 가짓길의 막다른 상황들이 다양하고 재미있다. 좁은 막다른 길 양옆에 집만 늘어선 가지, 그 중간에 계단 켜가 하나 더 있는 가지, 문으로 끝나는 가지 등 다양하다. 뼈대길을 향해 늘어선 집들의 입면이 만들어내는 구성미도 특이하다. 한옥의 추상 입면이 도시의 골목길 속에서 재연되자 절제미가 돋보인다. 축대와 기단도 중요한 요소로, 씀씀이를 아껴 몸통의 추상 절제미를 돕는다.

다래2길은 다래3길에서 나와 평행갈래로 한 번 갈라진 뒤, 다시 여러 갈래로 나뉜다. 다래2길의 골목길에서는 한옥이 주역으로, 처

그림 19 | 서계동 다래2길. 구성 요소가 다양해지고 구성 효과가 격해진 종합구성이다.

마가 힘이 있고 입면의 구성미는 활기차다. 이곳의 구성미는 단순히 창들만으로 이루어지지 않는다. 낙수통, 박공, 처마, 창살, 기와, 지붕 등 격한 어휘가 더해지면서 시각적 자극이 강한 종합구성이다(그림 19). 창 이외의 다른 요소들이 더해진 구성미라는 의미다. 종합구성은 서계동 전역에서 많이 관찰된다. 다른 예에서는 가스배관 같은 선형 어휘와 계단까지 가세해, 가는 선 여러 가닥이 급하게 꺾이면서 활기는 긴장감으로 발전한다. 여기에 계단이 사선으로 긴장감을 돕는데, 다래3길은 연립촌답게 계단 처리에 주목해야 한다. 한편 다솔길은 주요 길답게 여러 장면을 골고루 담고 있다. 생활소품이 정겨운 아담한 골목길, 반듯한 축대계단, 다세대와 연립의 계단의 기억, 추상 골목 등이다.

그림 20 | 서계동 다솔2길. 꺾임과 갈림길이 뛰어난 골목길의 정수이다.

다솔2길과 청패7길은 많이 닮았다. 깊은 속에 숨어서 보석처럼 빛나는 점이 그러하다. 큰길에서는 전혀 보이지 않고, 바로 접근할 수도 없다. 계단길의 관문을 거쳐야 한다. 끊어질듯 이어져 결국 통하고야 마는 점도 닮았다. 소박하지만 결코 누추하지 않은 집들의 절제된 추상미가 골목길 전체에 넘쳐흐른다(그림 10, 16). 꺾임도 많다. 다솔2길은 ㄴ자와 ㄷ자 꺾임이고, 중간에 큰 은행나무가 그런 꺾임을 독려한다. 계속 꺾여 만날 것 같지만 부질없음을 아는지 떨치고 나간다(그림 20). 꺾임이 방향을 바꿀 때부터 만나지 않을 줄 알아봤다. 청패7길은 한 방향으로 꺾이면서 출발한 곳으로 되돌아온다. 정을 못 떨치고 만나고 마는 고릿길이다.

서계동에 숨은 장면들

서계동 서계3길 | 집 밖에 만든 '뒷간'이 특이하다. 세 칸의 뒷간이 일렬로 서 있다. 근처에 엉켜 흩어져 있는 가게, 옛날 집, 공장 등의 화장실인 것 같다. 화장실마다 주인이 다르니 공동화장실은 아니다. '군집화장실'쯤이 정확할 것 같다. 내 것을 지키되 혼자 있는 것보다는 어울려 있는 것이 낫다고 판단했나 보다. 다다적 분위기도 나고 구성미도 드러난다. 충돌하는 근대성 사이에서 공동체의 흔적을 보여주는 증거다.

서계동 다솔길 | 건물 하나에 계량기가 서른다섯 개는 모여 있다. LPG 가스통도 여러 개다. 장독과 고무 드럼통은 열 개도 넘는다. 집은 계단을 끼고 잘게 나누어져, 공간 분절이 심하다. 골목길의 흔적을 압축해놓았다. 100미터쯤 되는 긴 골목길을 건물 하나에 농축했다. 충돌하는 근대성 속에서 치열하게 생존하려는 서민들의 애달픈 공동체생활을 적나라하게 보여준다.

서계동 다래3길 | 다세대주택의 계단에 남아 있는 골목길의 기억이다. 이번에는 단수가 적다. 두 채에 네 개가 전부다. 꺾임도 거의 없다. 넷 가운데 딱 하나만 한 번만 꺾였다. 방향성은 다양하다. 이쪽으로 하나, 저쪽에서 하나, 깊은 속으로 세 개가 뻗어나간다. 꺾임이 없는 일직선 계단 네 개가 각자 제 갈 길을 앞만 보고 쭉쭉 내뻗는다. 굵은 선 네 개가 힘차게 한 획씩 긋는다. 쭉 뻗은 골목길의 기억을 담고 있다.

서계동 서계6길 | 서계6길의 작은 길에는 한옥들이 남아 있다. 골목길의 윤곽마저 뜯겨나가 주차장처럼 맥없이 넓어진 길 한편에 한옥 몇 채가 어깨를 맞대고 겨우 버티고 있다. 그나마 언제 사라질지 위태로워 보인다. 둘은 서로에 의지하며 하루하루 연명하고 있다. 정취가 있었을 법한 샛길도 심심하게 막혀버렸다. 하나라도 무너지면 와르르 한꺼번에 헐려버릴 것 같다.

서계동 서계2길 | 문의 어울림이다. 비껴앉은 오른쪽 것은 1층으로 들어가는 문이다. 가운데 당당한 것은 2층으로 가는 바깥문이다. 이 문을 지나 계단을 오르면 바로 위에 안문이 하나 더 있다. 바깥문은 댓돌까지 거느렸다. 그 옆 왼쪽의 작은 것은 옆집으로 들어가는 문이다. 문들은 일단 각자의 역할에 충실하다. 본연의 임무를 지켰으니 어울림이 흥겨운 건 당연하다. 흥겨운 어울림은 방향성을 분화하고 구성미를 확보한다.

서계동 다래1길 | 또 다른 문의 어울림이다. 이번에는 연립주택으로 이식되었다. 옛 골목길의 기억은 새로운 방식으로 표현된다. 계단을 통한 기억이 가장 두드러지지만 문을 통한 기억도 이에 버금간다. 개별적 근대성으로 바뀌면서 문들은 일렬로 급하게 늘어선다. 그러나 어울림의 기억은 최소한이나마 기억하고 있다. 오전 시간, 문을 활짝 열고 골목길과 소통한다. 문과 문이 어울리고 다시 안과 밖이 소통한다.

삼청동

산청, 수청, 인청

삼청동은 유서 깊은 동네다. 길 이름부터 범상치 않은데, 팔판길, 양반길, 판서골길, 수청길, 화개길 등 조선시대 양반 냄새가 물씬 풍긴다. 골목길 대부분이 한국전쟁 이후 피난민에 의해 형성된 데 반해 삼청동은 조선시대부터 있어왔다. 이곳의 서쪽은 경복궁이고 동쪽은 가회동과 북촌이니 그만큼 양반동네였다는 의미다. 가회동으로 대표되는 도시형 한옥이 언덕을 타고 내려와 삼청동에도 많이 지어졌는데, 지금도 그 흔적이 남아 삼청동만의 특색 있는 분위기를 만들어내고 있다.

삼청동 자체는 넓지 않다. 우리가 흔히 삼청동이리 할 때는 팔판동과 화동까지를 포함한 지역을 일컫는데, 삼청동은 이 세 동네를 합쳐 대표하는 이름인 셈이다. 북카페에서 총리 공관 사이의 좌우 양편 지역이다(그림 1). 서울 전체로 보면 북한산이 동쪽으로 청와대까지 이어져 내려오다 마지막으로 평지를 이루는 지역이다. 이 삼청동의 평지를 기점으로 다시 한번 동쪽으로 조금 솟아오른쪽언덕이 화동과 가회동이다(그림 2).

삼청동이라는 이름은 산이 맑은 산청(山淸), 물이 맑은 수청(水淸), 사람의 인심 또한 맑고 좋은 인청(人淸)을 합해 만들어졌다. 세 가지 맑음이 있다는 뜻으로, 삼청동의 길 이름 가운데 수청길과 산청길은 여기에서 유래했다. 지금은 모두 집과 길로 메워졌지만 옛날에는 아름다운 산과 그 사이를 가로지르는 계곡으로 유명했다. 한편 동네 인심이 맑고 좋았음은 팔판동과 판서골이란 명칭에서 가늠해볼 수 있는데, 팔판동이란 말 그대로 여덟 명의 판서를 배출한 동네라 해서 붙여진 이름이다. 판서골도 마찬가지로, 동네 이름에서 판서를 많이

그림 1 | 삼청동 전체 지도

그림 2 | 삼청동 전경

배출했다는 사실을 짐작할 수 있다.

  삼청동은 지금도 청와대, 총리 공관, 감사원 등 주요 관청과 맞닿은 동네기 때문에 아파트 개발 같은 것은 꿈도 못 꾼다. 민주화 바람을 타고 지금은 많이 완화되었지만, 한때 이 동네에서는 대문 하나, 보일러 하나 고치는 것도 불가능할 정도로 건물 개축이 엄격했다. 그래선지 동네는 옛날 모습을 비교적 잘 간직하고 있다. 중산층 이상이 사는 동네기 때문에 달동네 같은 아기자기한 골목길은 아니지만, 뼈대 있는 양반 동네의 전통적인 한옥 골목처럼 다른 골목길에서는 볼 수 없는 특성이 관찰된다.

  삼청동은 여러 주택 양식이 혼재되어 있다. 도시형 한옥이 가장 오래된 양식이고, 그다음은 1960년대 서민주택과 1970년대 부잣집의

250　서울, 골목길 풍경

대명사인 양옥이 섞여 있다. 아주 드물게 일제 강점기 때 지어진 일본식 집도 눈에 띈다. 이런 집들이 수십 년 동안 개발제한에 묶여 있다가 풀리면서 여러 종류로 개조되고 있는데, 오래 묶여 있어선지 최근 몇 년 동안 이 동네에는 개조 바람이 거세게 불었다. 상업시설로 개조된 집도 많고 1990년대식 고급주택이나 다세대주택으로 개조되기도 했다. 한옥도 일부 개조가 되었지만 다행히 잘 보존된 한옥도 남아 있는 편이다.

특히 두드러지는 현상은 상업시설로의 개조다. 인사동과 함께 고풍스러운 동네로 인식되면서 관광지처럼 변모해가는 모습도 눈에 띄는데, 많은 한옥이 음식점, 카페, 공예품 가게 등으로 바뀌고 있다. 가정집으로 남아 있더라도 새집으로 많이들 개조하고 있다. 이미 개조한 집도 많으며 골목 곳곳에서 심심찮게 개조 공사가 벌어진다. 동네 사람 반, 관광객 반이다. 지도를 손에 들고 구경 다니는 일본 관광객들, 카메라를 들고 사진을 찍어대는 학생들, 데이트를 즐기는 커플들, 친구들 대여섯과 재잘거리며 가게를 들락거리는 여학생들, 단체로 문화학습 온 아주머니 부대, 삼삼오오 놀러온 외국 사람들. 동네는 이제 다양한 외부사람들이 놀러오는 곳으로 변했다. 안정된 분위기는 많이 사라지고 상업화 바람이 불면서 주택가 느낌도 약해지고 있다. 사진을 찍어도 으레 그러려니 한다. 주민 가운데 외국 사람도 꽤 되어, 화개1길의 언덕바지에는 그림을 그리는 외국 화가가 거주하기도 한다.

그림 3 | 삼청동 삼청동길. 한옥이 골목 속 주인이다.(왼쪽)

삼청동은 골목길들이 다소 넓은 편이다. 달동네 같은 농축된 느낌은 떨어지지만 여러 종류의 주택 양식이 혼재된 점이 특징이다. 청파동도 그랬지만 둘은 중요한 차이가 있다. 청파동은 일제 강점기 때 일본사람들 동네였기에, 1990년대 초까지도 일본식 주택이 주를 이루다가 지금은 다세대주택과 연립주택이 주를 이룬다. 삼청동은 다르다. 양반 동네의 전통이 살아 내려오면서 한옥이 주를 이룬다. 혼재는 바로 한옥을 중심으로 일어난다(그림 3). 한옥이 동네의 주인으로, 골목길 풍경을 주도하고 좌우한다(그림 4).

골목길에서 도시형 한옥이 어우러져 만들어내는 분위기는 이제 서울 시내에서 이 동네가 거의 유일하다. 도시형 한옥의 본고장 가회동은 오히려 개조가 심해서 본래 모습이 많이 망가졌다. 골목길의 스케

그림 4 | 삼청동 삼청동길. 한옥의 처마선과 입면 문식이 골목길의 조형성을 결정한다.

일까지 함께 생각하면 더욱 그러하다. 한옥의 높이에 비해 골목길이 넓어서 압축력이 떨어진다. 반면 삼청동의 일부 골목에는 한옥이 잘 보존되어 있다. 한옥 높이와 골목길 너비 사이의 비례도 짜임새 있는 느낌을 주기에 적합하다(그림 6).

한옥 골목과 철제계단

삼청동의 길 구도는 복잡하지 않은 편이다. 삼청동길이 중간을 가르고 지나가고, 가회동으로 넘어가는 언덕에는 삼청동길과 나란히 화개1길이 지나며 동쪽 경계를 형성한다. 삼청동길과 화개1길 사이는 경사지인데 이곳에 삼청동의 또 다른 골목길들이 많이 숨어 있다. 화개1길은 남쪽으로 오면서 여러 갈래로 분화하고, 청와대앞길이 남쪽 경계가 된다. 삼청동은 이렇게 삼청동길, 화개1길, 청와대앞길을 기준으로 세 지역으로 나눌 수 있다(그림 5).

첫 번째는 삼청동길과 청와대앞길 사이의 지역인데, 삼청동길을 중심으로 서쪽 평지에 격자형 골목을 기본 구도로 삼아 이루어진 동네다. 산청길은 총리공관과의 북쪽 경계를 이룬다. 이곳에 팔판길, 양반길, 판서골길, 산청2길 등이 있다. 팔판길이 삼청동길과 평행한 방향으로 동네를 가르고 지나가고, 팔판길을 뼈대 삼아 양옆으로 가짓길들이 갈라진다. 가짓길은 삼청동길이나 산청길과 연결되기도 하고 막다른 길로 끝나기도 한다.

청와대앞길 바로 안쪽에는 판서골길이 청와대앞길과 평행하게 달리는데, 판서골길은 산청길에 가까워지면서 간단한 격자길을 이룬다. 양반길은 판서골길과 팔판길을 연결한다. 이 지역은 단연 한옥

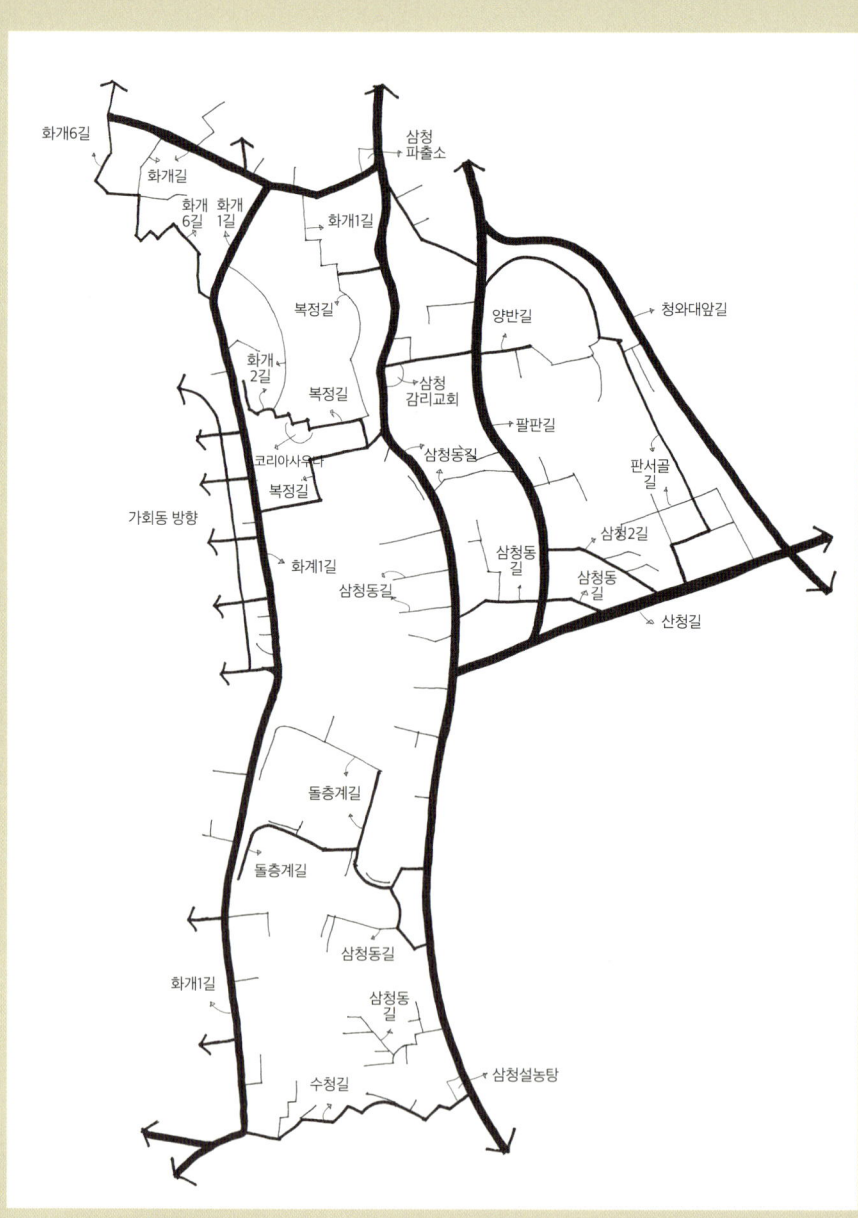

그림 5 | 삼청동 길 얼개 지도

그림 6 | 삼청동 팔판길. 골목길 스케일이 도시형 한옥의 역동적 조형성을 느끼기에 적합하다.

골목이 대표적으로, 길 이름들의 상징성과 한옥으로 이루어진 골목길 분위기가 잘 어울린다. 골목길에서 한옥을 마주치는 즐거움이 제법이다(그림 6). 한옥이 주도하는 골목길 풍경은 다른 골목길들과 많이 다르다. 양옥과 한옥이 섞여 있는 풍경도 독특하다.

두 번째는 삼청동길과 화개1길 사이의 지역이다. 이 지역은 가회동으로 넘어가는 경사지인데, 삼청동길을 뼈대 삼아 많은 가짓길이 갈래치며 경사를 파고든다. 이곳의 오름 갈림길은 양상이 특이하다. 전통적으로 산과 물이 맑은 곳이라 그런지, 서울의 다른 골목길 동네들보다 경사가 더 심한 편이다. 경사가 심해서 정상적인 골목길로는 오를 수가 없기 때문에 구성이 특이해진 것이다.

그림 7 | 삼청동 삼청동길. 낮은 축대길을 뼈대 삼아 가짓길이 언덕을 파고들지만 중간에 막다른 길로 끊기고 만다.

삼청동길에서 언덕 위 화개1길로 총 열세 갈래의 길이 가지 치듯 뻗어오른다(그림 7). 이 가운데 남북 양쪽 끝의 경사가 낮은 두 지점에서만 수청길과 화개2길의 정상적인 골목길로 오르고, 나머지 열한 갈래 가운데 여덟 갈래는 오르는 중간에 막다른 골목으로 막혀버린다. 삼청동 골목길의 또 다른 특징이자 대표 장면이다. 경사지를 세로 방향으로 파고들어보지만 단번에 오르기에는 길이가 충분하지 못하니, 경사의 중간까지만 파고들다 다 오르지 못하고 막혀버린다. 그 뒤쪽 위로는 높은 축대로 수직벽을 쳐놓았다. 수직적 단절이 일어나면서 윗동네와 아랫동네 둘로 나누어진 셈이다. 여기서 다시 축대 위로 화개1길이 나 있다(그림 8).

마지막 세 갈래는 수직벽 앞에서 철제계단을 타고 오르도록 처리되었다. 윗동네와 아랫동네를 비정상적인 계단을 이용하여 인위적으로 이은 것이다. 세 갈래 가운데 두 갈래의 이름은 돌층계길이고 하나는 복정길이다. 돌층계길이라는 이름은 그만큼 경사가 심하다는 것을 말해준다. 복정길의 철제계단은 언덕에 직각 방향으로 나 있지만 돌층계길의 두 갈래는 언덕길과 평행하게 나 있다(그림 9). 경사가 심해서 직각 방향으로는 필요한 계단 길이가 나오지 않기 때문이다.

그림 8 | 삼청동 돌층계길. 화개1길은 축대 위 높은 언덕에 올라 있다. 그곳을 오르는 오름 계단길은 길이를 벌기 위해 화개1길과 평행하게 나 있다.

남북 양쪽 끝의 정상적인 오름길도 힘들기는 마찬가지다. 수청길과 화개2길 모두 지그재그 모양의 꺾임이 유난히 많은데, 이는 경사를 오르는 데 필요한 길이를 벌기 위해서다. 수청길의 지그재그는 둔각으로 화개2길보다는 꺾임이 약하다. 그 대신 중간에 제법 급한 계단으로 훌쩍 오른다. 오름 방향은 줄곧 언덕길에 직각을 유지했다. 한편 화개2길의 지그재그는 직각으로 꺾임이 급하다. 마지막 오름길도 언덕길과 평행하다. 수청길 같은 급한 계단은 없지만 방향을 여러 번 꺾는 방식으로 언덕으로 오른다.

　언덕 높은 곳에는 화개1길이 등고선 방향을 따라 나 있는데, 차가 다니는 큰길이다. 이곳이 정상부는 아니다. 정상은 조금 더 높은 곳 가회동에 있다. 그러나 길의 구조로 볼 때 화개1길이 정상부 길처럼

그림 9 | 삼청동 돌층계길. 화개1길로 오르는 계단은 급하다.

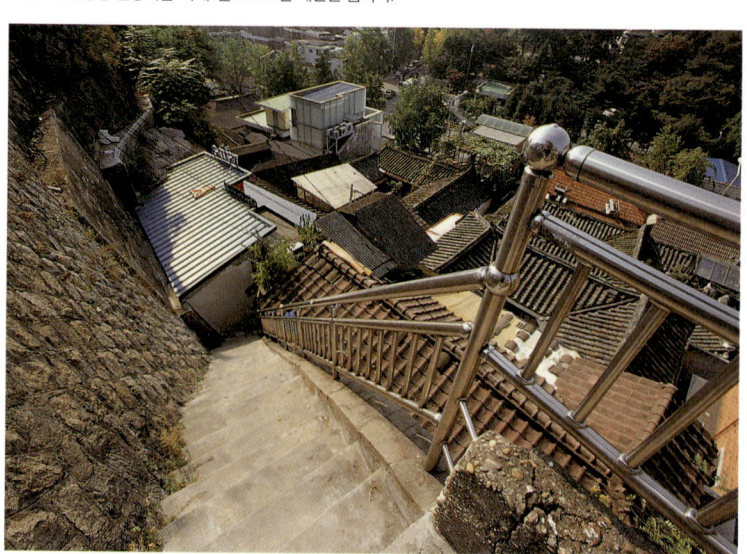

보인다. 아래쪽 전망이 가장 탁 트여 보이기도 하고 길을 따라 3-4층 정도의 연립주택들이 줄지어 서 있기도 하다. 이 동네에서 가장 큰 집들이 몰려 있는 곳이다.

세 번째는 화개1길의 남쪽 끝 지역이다. 이 지역은 복정길이 북쪽 경계를, 화개길이 남쪽 경계를, 화개1길이 동쪽 경계를, 삼청동길이 서쪽 경계를 각각 이룬다. 복정길은 삼청동길에서 화개1길로 오르는 마지막 오름길이다. 이 길을 끝으로 뼈대길-가짓길 구도는 깨지고 길은 동네를 자유분방하게 휙휙 가르고 지나간다. 경사도 낮아져 오름에 대한 부담도 거의 없다. 화개1길은 더 가다가 삼거리에서 오른쪽으로 꺾여 화개길로 이어진다. 삼거리의 왼쪽은 화개6길로, 여러 번 꺾이고 갈림길을 낳다가 화개길로 이어진다.

화개2길과 복정길은 화개1길과 삼청동길에 평행-직각 양방향의 길을 모두 거느린다. 복정길은 처음에는 아래쪽의 평행 방향 길을 이루는데 길은 평온하고 온화하다. 그러다가 갑자기 일직선 계단으로 돌변하고, 중간에 평행 방향으로 한 번 꺾였다 다시 직각으로 꺾인다. 언뜻 보기에는 막다른 골목 같다. 화분과 빨래가 좁은 골목을 막고 있어서 더욱 그렇게 보인다(그림 10). 혹시 골목 끝에 들어앉은 집에 실례라도 할까봐 발걸음이 선뜻 떨어지지 않는다. 그러나 좀 더 들어가보면 골목길 끝 오른쪽이 열려 있는 것이 어렴풋이 보인다. 거기로 따라 더 들어가 세로 방향으로 꺾으면 급한 철제계단이 오름을 마무리한다. 이번에도 철제계단이다. 급한 경사가 아직 남아 있기 때문이다. 화개2길은 위쪽의 평행 방향 길을 이루는데, 같은 방향의 복정길과 비슷하게 편안한 분위기다. 이 길은 완만한 곡선을 그리며 휘어 있다(그림 11). 화개2길의 직각 방향 길은 복정길에서 갈라져 나와

ㄴ자형 꺾임을 네 번 반복한 뒤 평행 방향의 계단을 타고 화개1길로 오른다.

낮은 축대길과 느림의 미학

삼청동길은 중간에 100미터 조금 못 되는 길이가 계단 몇 단 정도의 높이로 올려져서 나 있다. 낮은 축대길이라 부를 만하다(그림 12). 이 길을 뼈대 삼아 가짓길이 갈라져 올라가는데 축대길 부분에만 가짓길 넷이 몰려 있다. 완충지대를 하나 더 확보한 셈이다. 축대길은 그 자체만으로도 묘한 분위기를 자아낸다. 차도보다 높기 때문에 사람이 차보다 존중받는 느낌이다. 지나치게 높으면 단절이 일어나겠지만 그 정도는 아니다. 단절이 일어나면 오히려 차보다 존중받는다는 느낌은 사라진다. 너무 멀리 떨어져 있어서 다른 영역으로 분리되기 때문이다. 차도에서 사람을 보호하면서도, 차도와 동일 영역을 유지하면서도, 사람이 존중받는다는 느낌을 주는 절묘한 범위를 유지하고 있다.

그림 10 | 삼청동 복정길. 철계단으로 이어지는 뚫린 길이다.(왼쪽)
그림 11 | 삼청동 화개2길. 화개2길 가운데 평지길은 안정된 편안함을 준다.(오른쪽)

이 길을 걸으면 기분이 참 좋다. 경복궁 쪽에서 걸어오면서 이 길이 보이기 시작할 때부터 기분이 좋아진다. 낮은 계단이 저 멀리서부터 맞이하는 모습이, 차도에서 나를 분리시켜 대접해주겠다는 예의 바른 안내자가 기다리고 있는 것 같다. 길 전체의 모습도 특이한데, 둥글게 휘어져 있어서 완만한 곡선을 만들어낸다. 오른쪽으로는 다소 이국적으로 치장한 가게집들이 독특한 분위기를 자아내고, 가로수도 그 분위기에 한몫한다. 특히 비 오는 늦은 오후나 늦가을 해 넘어갈 때는 묘한 감상이 든다. 바바리코트를 입은 중년 남성에게 어울리는 길이다.

계단은 8단이다(그림 13). 축대길 위에 오르면 왼쪽으로 차 지붕을 볼 수 있고 오른쪽으로는 가짓길이 차례대로 갈라진다. 아래에서 가짓길의 막다른 속을 올려다보는 재미가 다양하다. 가짓길 속을 올랐다 내려오는 재미도 커서, 가짓길 깊은 속까지 파고들어가 뒤로 돌아 아래를 내려다보면 재미있는 장면과 경치를 볼 수 있다. 눈을 들면 한옥의 처마선 사이로 아랫동네 전경이 들어오고, 눈을 내리면 가짓길 틈새로 축대길을 걸어가는 사람이 휙 지나간다.

삼청동은 산책하기 적합한 동네

그림 12 | 삼청동 삼청동길. 낮은 축대길은 높이에 휴먼 스케일을 도입했다.

로 여유롭게 느림의 미학을 즐기기에 좋다. 느림의 미학은 골목길 특유의 시간성을 대표하는 개념이기도 하다. 각 골목길마다 느림을 결정짓는 물리적 윤곽이 다른데, 삼청동은 낮은 축대길이 중요한 요소가 된다. 여기에 더해 평지와 경사지가 적절히 섞여 있다. 오래된 골목길과 중산층 동네를 동시에 감상할 수도 있고, 사이사이 상업시설도 섞여 있어서 심심함을 덜어준다. 동네의 전통도 산책에 어울리는 느림의 미학을 가지고 있다. 삼청동은 원래 경치가 좋아서 사람들이 많이 찾던 동네였다고 한다. 가까이 있을 때는 한 번 발을 들여놓으면 떠나기가 싫고 멀리 떨어져 있으면 그리워서 뛰어가보고 싶은 동네, 그러나 일단 들어오면 며칠이고 머물며 유유자적 경치를 즐기던 동네였다.

그림 13 | 삼청동 삼청동길. 낮은 축대길을 오르는 계단은 8단이다.

골목길 동네에서는 시간이 느리게 간다. 공간의 성격과 사람들의 생활에서 기인하는 바가 큰데, 이런 요소들로 골목길 생활에서 시간이 어떤 속도로 흐르는지 가늠해 볼 수 있다. 아파트와 비교해보자. 아파트에서는 시간이 급박하게 간다. 많은 일을 해야 한다는 압박감에 시달리고, 아무 일도 하지 않고 있으면 심심하고 답답하고 지루하다. 공간 구조가 그렇게 생겨먹었다. 이것이 반복되면서 시간을 잘게 나누어 급박하게 쓰는 데 익숙해진다. 아무 일도 하지 않고 한 시간을 지내기가 매우 지루하게 느껴진다.

골목길은 이와 다르다. 일반화해보자. 해가 제법 올랐을 즈음, 동네 한 바퀴를 어슬렁거리며 돌고 오면 시간이 훌쩍 간다. 중간에 아는 사람이라도 만나 몇 마디를 주고받으면 시간 한 마디가 더 훌쩍 간다. 슈퍼마켓에 들러 또 한 마디, 복덕방에 들러 또 한 마디, 철물점에 들러 또 한 마디, 여기저기 들러서 잡담 나눌 곳이 많다. 마당이나 집 앞이라도 한번 쓸면 시간은 또 훌쩍 간다. 이러다 보면 어느새 점심시간이다. 아파트 같았으면 30분에 다 할 일을 반나절이나 걸려서 한 것이다.

골목길에서 일어나는 일, 골목길 사는 사람이 하루를 보내면서 한다고 하는 일은 분명히 시시한 것들이다. 이런 시시한 일 하나를 하는 데 걸리는 시간도 무척 길다. 이러다 보니 아무 일도 하지 않고 있어도 한두 시간 보내는 건 일도 아니다. 시간이 느리게 가다 보니 무료함과 권태에 대한 면역력이 강해지고, 동네 경치를 즐길 여유도 생긴다. 느림의 미학이다. 시간에 쫓겨 급하게 살면서 받는 스트레스에서 해방될 수 있다. 어슬렁거리기, 빈둥거리기, 멍하니 앉아 있기, 머리 비우기, 생각하지 않기 등으로 발전한다. 아파트 사는 사람들과 비교하면 골목길 사람들은 다소 느슨하게 보이는 것이 사실이다. 심하면 무기력하다고까지도 말할 수 있을 정도다. 그러나 얼굴에는 평온함과 여유가 있다. 자신들이 사회적 약자라는 사실에 주눅 들어 위축된 점을 빼고 본다면, 이들은 급하게 사는 출세한 사람들보다는 여유롭고 편해 보이는 것이 사실이다. 일부러 돈 들여 절에 가서 탑 한 바퀴를 한 시간 걸려 느리게 도는 판인데, 이것을 일상생활에서 자연스럽게 실천할 수 있다면 그 또한 큰 복일밖에.

골목길 속 느림의 미학은 겸손함에서도 온다. 골목길에는 사람을 겸손하게 만드는 무엇인가가 있다. 저소득층의 불량주택이기 때문만은 아니다. 이것 때문이라면 오히려 이곳에서 벗어나서 출세하고 싶은 욕심이 생겨야 한다. 아니면 최소한 쓰레기더미를 볼 때와 같은 우울함, 안쓰러움, 동정심이라도 일어야 한다. 헌데 이것과는 다른 무엇인가가 있다. 사람을 겸손하게 만들고 따라서 편하게 만드는 그 무엇이다(그림 14). 이런 느낌은 욕심을 덜 부리게 만드는 데서 비롯된다. 세상의 거친 경쟁에 뛰어들고 싶지 않게 만들고 잠시 경생에서 벗어날 수 있게 해주는 그 무엇. 이것이 경쟁에서 뒤쳐진 무기력한 패배의식인지, 불필요한 욕심을 없애주는 여유인지는 단정적으로 말하기 어렵다.

확실한 것은 골목길의 공간 구도가 이런 여유의 배경이라는 점이다. 골목길에서는 느리게 살고 싶은 마음이 자연스럽게 우러난다. 골목길은 산책하고 싶은 마음이 들게 만든다. '동네 한 바퀴' 돈다는 말이 가장 잘 어울리는 골격 아닌

그림 14 | 삼청동 화개길. 절제된 추상과 아늑한 휴먼 스케일은 사람을 겸손하게 만든다.

가. 골목길의 비정형 복합구도는 여기저기 들러서 시간을 보내거나 느릿느릿 어슬렁거리며 배회하기에 적합하다. 돌아가기, 샛길로 빠지기, 돌아서 제자리에 오기, 막다른 골목 만나 좌절하기, 이 길로 갔다가 저 길 만나기, 갈림길에서 선택하기 등을 즐길 수 있다(그림 15). 이보다 더 즐거운 놀이는 없다.

계단과 돌층계길

돌층계길은 두 갈래로 나뉘어 올라간다. 처음에는 등고선과 같은 가로 방향으로 조금 오르다 중간에서 갈라지는데, 첫 번째 길은 세로로 꺾인 뒤 급하게 오른다. 그러나 중간 정도밖에 못 올라 벽에 부닥치고 다시 세로로 꺾여 급한 철제계단으로 마무리한다. 골목 폭은 급격히 좁아지고 꺾임 부분의 계단은 불규칙하게 흩어지면서 급박한 긴장감을 불러일으킨다. 두 열로 넓게 오다가 꺾임 부분에서 한 열로 좁아지면서 불규칙해진다. 두 번째 길은 세로로 더 간 뒤 가로로

그림 15 | 삼청동 수청길. 갈래길, 꺾임, 테라스 등 공간 조형성이 풍부하다.(왼쪽)

그림 16 | 삼청동 돌층계길. 경사를 오르기 위해 급한 꺾임이 일어나고 계단이 격해진다.(오른쪽)

삼청동

꺾였다가 다시 세로 방향의 좁은 골목으로 이어진다(그림 16). 이번에도 마지막 꺾임 부분의 계단이 급박한 긴장감을 불러일으킨다.

돌층계길을 따라 나 있는 두 갈래의 길은 삼청동 골목길에서 가장 의외성이 높은 곳이다. 중간에 돌층계가 특이하다고 길 이름도 돌층계길인데, 계단은 삼청동만의 특징은 아니다. 모든 골목길에 공통적으로 나타나는 가장 특징적인 건축 어휘로 지금까지 여러 동네에서 살펴보았듯이 각 동네마다 독특한 계단길들이 있다. 다만 삼청동은 이것이 좀 더 심하다. 계단이 차지하는 비중이 각별히 높아서 길 이름에까지 들어갈 정도다. 돌층계길뿐 아니라 수청길, 복정길, 화개2길, 삼청동길에서 갈라져 올라가는 가짓길 등 모두가 특이하다.

오르막길에서는 계단이 두드러진다. 비정형 구성의 정수를 보여주는 이 계단들은 삐뚤빼뚤, 넓어졌다 좁아지며 단수도 제각각이다. 골목길의 불규칙한 윤곽과 땅의 급한 기울기에 맞춰 퍼즐 풀듯 채워넣은 형국이다. 꼬불꼬불한 경사지를 오르는 어려운 상황에 잘 맞춰진 기능성을 발휘하는 동시에, 골목길 속 공간을 풍부하게 해주는 조형성도 띤다. 오래된 서민 주택의 비정형 윤곽과 잘 어울리는 요소로, 큰 계단 옆에는 디디기 편하게 작은 계단을 더해놓았다. 물결이 흘러내리듯, 비정형적 자유로움과 홀가분한 자연스러움이 주도한다.

하지만 외지인 시각으로 낭만적으로만 볼 문제는 아니다. 정작 동네에 사는 사람들, 특히 어르신들은 부상의 위험에 항상 노출되어 있다. 겨울에 얼기라도 하면 더욱 그렇다. 시설과 관련된 민원도 많은데 민원 가운데 계단과 관련된 것이 높은 비율을 차지한다. 그러나 자세히 보면 못 다닐 정도로 위험해 보이지는 않는다. 오히려 더 잘 다니게 하기 위한 배려가 많다. 아무렇게나 생긴 듯 볼품없어 보이지만 실은 발걸음 한 땀까지 고려해서 맞춘 친절한 계단이다. 골목길 윤곽과 지형 자체가 불규칙하기 때문에 규칙적인 계단이 더 위험할 수도 있다. 불규칙한 골목 윤곽과 충돌이 일어나는 지점과 꺾임이 일어나는 지점 처리가 쉽지 않기 때문이다. 이런 경우 골목길의 비정형 윤곽에 맞춰 계단도 비정형으로 하는 것이 더 안전할 수 있다. 그러면 머릿속 공간인지와 발이 내딛는 행동인지 사이가 일치할 테니까 (그림 17). 초행길이 아니라 한 동네에 오래 산 사람에게는 더욱 그러하다. 계단은 한 번 기억되면 그 기억이 오래간다.

또한 비정형 계단을 유발하는 요소 가운데는 잘 살펴보면 오르기 편하게 하려는 장치인 경우가 많다. 예를 들어 계단이 내려오다 갈림길이 나올 때 이것을 예측하기는 쉽지 않은 일이다. 이럴 때는 비정

그림 17 | 삼청동 수청길. 불규칙한 골목길 윤곽에는 불규칙한 계단이 더 잘 맞을 수 있다.

형 계단이 더 유리하다. 정작 계단 사고는 건물 속 같은 정형적 계단에서 더 많이 일어난다. 멀쩡하게 젊은 사람이 규칙적으로 반듯하게 반복되는 계단에서 구르는 일이 많은데, 모두 방심의 문제다. 비정형 계단은 계속 긴장을 유지하게 만들기 때문에 안전사고는 덜 일어난다. 여기에 조형성까지 함께 갖추었으니 계단을 오르내릴 때마다 그 의미를 감상하는 것도 좋을 것이다.

기하 중첩과 한옥 소광장

주요 길들을 살펴보자. 수청길은 초입에 품위를 부리며 앉아 있는 한옥 한 채가 남다르다(그림 18). 출입구를 계단과 포켓 공간을 합친 하나의 작은 영역으로 꾸몄는데 포켓 공간은 넓이가 꽤 되어서 푸성귀도 간단히 가꾸고 빨래도 널 수 있다. 포켓 공간을 앞에 거느리며 한옥 대문이 계단을 올라타고 비교적 높은 지점에 점잖게 서 있다. 대문 하나만 달랑 난 것과는 구별되는 격식이다. 양반의 품위를 보는 것 같다.

이 집을 지나면 한 갈래 길이 경사를 구불거리며 오른다. 폭과 너비가 전형적인 골목길의 스케일을

그림 18 | 삼청동 수청길. 출입구에 일정한 영역을 두어 대문의 위신, 나아가 집의 품위를 높였다.

유지해 아늑하고 정겹다. 골격은 단정한 추상 분위기를 띤다. 중간에 이런저런 집들을 만나다 거의 다 오른 지점에서 오른쪽으로 테라스 갈림길이 갈라진다(그림 15). 테라스는 한 번 쿨렁 휘며 막다른 길로 끝나고, 위쪽으로 집 몇 채를 늘어세운다. 아래쪽을 내려다보면 방금 지나온 길이 보인다. 내가 나의 꼬리를 보는 것 같아 흥미롭다.

수청길을 오르면 화개1길을 만나는데, 언덕 꼭대기에 난 길이라 아래쪽 경치가 볼 만하다. 내려다보면 한옥 지붕들이 옹기종기 모여 있다. ㅁ자형, ㄷ자형, ㄱ자형 등 교과서적 구성을 확인할 수 있고, 여러 채가 모이니 작은 바다를 보는 것 같다. 지붕은 파도처럼 넘실댄다(그림 19). 위쪽은 길을 따라 집이 늘어서 있는데 문 풍경이 재미있다. 장독대도 마주치고 창 구성과 면 중첩을 즐길 수 있다. 아래에서 올라오는 화개2길과 마주치는 지점의 삼거리에는 또 한 채의 양반 한옥이 있는데, 수청길 초입에서 본 것과 유사한 출입구 영역을 갖고 있다.

화개1길을 따라 내려가면 화개6길과 화개길을 만나고 화개길을 들어서면 화개2길도 만난다. 이 세 길은 모두 평지에 난 길로 차분한 안정감이 공통적 특징이다. 화개길

그림 19 | 삼청동 화개1길에서 내려다본 한옥 지붕 전경.

은 넓은 길과 좁은 길 두 종류로 나뉘는데, 넓은 길이라고 하지만 휴먼 스케일을 잘 지키고 있다. 안정된 길을 따라 공예품 가게, 카페, 구멍가게 등이 적절한 거리를 유지하며 모여 있고, 길 끝으로 인왕산 봉우리도 보인다. 상가 거리치고는 차분하고 품위가 있다. 한편 좁은 길은 추상 분위기와 한옥 풍경이 혼재한다. 화개2길과 화개6길도 좁은 화개길과 분위기가 비슷하다. 호젓하고 차분한 평지길에 한옥과 추상 분위기가 혼재한다. 집의 입면들이 어울려 중첩 효과를 낸다.

화개길과 산청2길에는 '한옥 소광장'이라 부를 만한 곳이 있다. 갈

그림 20 | 삼청동 화개길. 막다른 길 끝에 작은 광장을 중심으로 한옥이 몰려 있다.

림길 가운데 막다른 속이 작은 소광장으로 끝난다. 일종의 컬데삭(cul-de-sac)으로, 광장을 면하고 여러 채의 한옥이 어울려 있다(그림 20). 문은 적당한 각도와 거리를 유지하며 벌어지거나 아예 코앞에서 마주보기도 한다. 창과 담은 문식을 만들어 분위기를 돋운다. 작은 공터가 온통 한옥에 의해 색다른 공간으로 나타나니, 한옥 소광장이라 부를 수 있다. 과연 한옥 동네답다.

삼청동에 숨은 장면들

삼청동 팔판길 | 팔판길은 딱히 소광장일 필요도 없이 골목길 전체에 한옥이 넘쳐흐른다. 소광장의 한옥들이 서로 모여서 어울림의 조형성을 만들어낸다면 팔판길의 한옥들은 길을 따라 앞뒤로 늘어서는 방식으로 조형성을 만들어낸다. 골목길 끝 마주보는 면이 한옥 입면이다. 이 끝을 향해 한옥의 처마곡선이 발걸음을 재촉한다. 다른 골목길은 훨씬 추상적인 분위기의 한옥들이 모여 있다. 꽃도 심었다. 좁은 골목에서 처마곡선과 마주치면 흥겨움이 온몸을 조여온다. 한옥이 갈림길을 내면 한옥의 추상 구성미로 모퉁이가 꾸며진다. 한옥의 파노라마다.

삼청동 화개1길 | 버려지기 쉬운 연립주택 앞 축대를 장독대로 살렸다. 영구음영이 지는 곳이고 사람들은 불편하게 휙 지나치는 곳이다. 바람에 굴러온 과자 봉지가 출구를 못 찾고 마지막으로 뒹구는 곳이다. 장독대 하나가 들어오면서 사람들의 발길이 잦아지고 쓰레기도 치워진다. 아담한 흰 매스 단위를 계단 하나가 가르고 장독은 점점이 진한 색으로 그 위를 마감한다. 회화성 짙은 장면이다.

삼청동 돌층계길 | 좁고 구불거리는 골목길을 따라 급한 경사를 올라야 하는 조건이다. 계단을 정밀하게 다루었다. 삐뚤빼뚤해 보이지만 의외의 과학성이 숨어 있다. 꺾인 각도와 이동 거리를 고려해 계단의 형상과 단수를 맞추었다. 비정형 윤곽에 가장 적합한 계단처리다. 인지과학으로 보더라도 이런 비정형 오름길에는 비정형 계단이 더 안전할 수 있다. 뇌에 가해지는 자극과 기억이라는 정성(定性)적 요소를 끌어들이기 때문이다.

삼청동 삼청동길 | 삼청동길은 낮은 축대길을 따라 줄지어선 건물들의 입면이 볼 만하다. 건물들의 정면은 2차원 면 요소로 환원된다. 면 요소들은 중첩되기도 하고 어울려 회화적 장면을 연출하기도 한다. 추상성이 강할 때는 분할 구성미도 감상할 수 있다. 가짓길 속을 들여다보면 기하 중첩이 일어난다. 건물의 몸통이 되는 요소들이 매스 단위로 환원되고 이것은 다시 기하 단위로 인식된다. 기하 단위들은 적당한 거리를 유지하며 밀고 당겨 중첩된다. 충돌까지는 가지 않고 기하학적 어울림에서 멈춘다.

삼청동 화개6길 | 해질녘, 골목길 입구에 가로등이 켜지기 시작한다. 외눈박이 가로등은 골목길을 지키는 친절한 주인이다. 가로등은 길을 막지 않고 집 지붕에서 시작한다. 집 밖 남의 것이 아니라 집의 일부라는 의미다. 내 집의 일부니 골목길의 주인 자리를 획득했다.

삼청동 판서골길 | 축대의 힘이다. 소품의 힘이기도 하다. 청와대앞길과 판서골길을 이어주는 축대길인데, 축대는 해빙기나 장마철에 붕괴의 위험이 큰 시설 정도로만 인식되어 있다. 이런 축대의 옆모습은 의외로 예쁘다. 울퉁불퉁한 표면과 큰 돌덩어리가 친근감을 불러일으킨다. 축대가 생활 소품을 거느리고 햇빛까지 받고 있으니 가장 평화로운 장면이다.

에필로그

잊을 수 없는 골목길 여행

긴 골목길 여정을 마쳤다. 너무나 평범한, 때로는 진부한 일상공간이었던 골목길이 이제는 유별난 답사의 대상이 되었다. 지금은 불량주택으로 천대하지만, 이 골목길이 모두 사라지고 나면 우리들은 다시 그 골목길을 그리워할 것이다. 사람이 사는 조형 환경에는 포근한 어머니의 품과 같은 공간이 함께 있어야 하기 때문이다.

삼 개월에 걸쳐 여덟 동네의 골목길, 약 450여 킬로미터 이상을 걸어다닌 것 같다. 힘들 수도 있는 이 여정이 내내 즐거웠던 것은 골목길이 '나는 사람이다'라는 사실을 잊지 않게 해주었기 때문이다. 골목길은 참으로 다양한 방식으로 내가 사람이라는 사실을 단 한 번도 놓치지 않고 끝까지 느끼게 했다. 골목길 자체가 사람들의 손과 몸 그리고 마음으로 이루어진 것이니, 아마도 골목길이 생각하는 사람에 대한 입장도 이와 같을 것이다.

프랑스 중부 지방에 내가 '로마네스크 벨트'라고 부르는 지역이 있다. 로마네스크 시대에 시작된 여러 고도(古都)들이 수평 방향으로 벨트를 형성하기 때문에 붙여진 이름이다. 이 도시에 가보면 상당히 매력적인 공간미를 자랑하는 중세 골목길이 많다. 이탈리아 토스카나 지방이나 독일 북부에도 고풍스런 중세 골목길을 갖춘 고도들이 많다. 우리들은 이런 골목길을 거의 예술작품으로 칭송하며 무한한 찬사와 애정을 보낸다. 없는 살림에 여비도 마련하고, 시간도 억지로 내서 지루한 비행도 마다않고 보러간다. 그러나 정작 우리가 사는 바로 이 땅에 있는 우리의 골목길에 대해서는 어떤 입장을 갖고 있는가. 대부분 구질구질한 불량주택으로만 인식하고 있으며, 또 어떤 이들은 재개발로 한몫 챙길 돈다발로만 본다.

나는 지금까지 열한 번의 유럽 여행을 통해 200곳이 넘는 도시들을 다녔다. 단언컨대 우리의 골목길은 유럽 고도의 골목길보다 공간미가 매우 우수하다. 유럽의 골목길에서 오래된 돌집들 자체는 특이하지만 정작 집을 담는 공간 전체 골격은 단조롭다. 우리 의식을 지배하는 서양적 이성주의 때문에 정작 우리의 아름다운 골목길의 공간미를 놓치고 있다. 유럽 골목길은 철저하게 공적공간으로 남는다. 우리처럼 집안 살림이 집 밖 골목길까지 나오는 경우를 찾아보기 힘들다. 건축적·공간적·풍물적 입장에서 우리의 골목길은 그네들의 골목길보다 우수하다.

부끄러워하지 말자. 아니, 오히려 자랑할 일이다. 정작 골목길에 사는 사람들은 무슨 배부른 소리냐며 말할 수 있다. 이 지긋지긋한 불량주택에서 하루빨리 벗어나 자신들도 신식 아파트에서 살고 싶을 것이다. 가능한 한 건물의 하자만 집중해서 고치고, 골목길의 기본 윤곽 자체는 보존해야 한다. 유럽 골목길을 보면서 저걸 쓸어버리고 아파트를 지어야 한다고 생각하는 사람은 거의 없다. 우리 골목길도 마찬가지다. 아니, 더하다. 우리 골목길은 유럽 골목길보다 보존되어야 할 당위성과 가치를 몇 배 더 지니고 있다. 이제 우리는 우리 골목길을 제대로 평가해야 한다.

　이번 골목길 책을 쓰면서 나는 서울 시내에서 꼭 한 번 가봐야 할, 너무도 좋은 산책 코스를 여럿 알게 되었다. 따분하거나 답답할 때, 가벼운 산책의 여유를 갖고 싶을 때, 힘들고 지쳐서 쉬고 싶을 때, 어느 동네 어느 코스로 산책을 나가면 좋을지 선택할 수 있는 즐거움을 얻었다. 너무 고맙고, 소중한 골목길 여행이었다. 이 동네들마저 모두 헐리고 사라지면 어떻게 될지 막막하긴 하지만, 한 동네만이라도 남아 있기를 간절하게 바랄 뿐이다.

2006년 봄
임석재

서울, 골목길 풍경
ⓒ임석재 2006

1판 1쇄	2006년 3월 30일
1판 6쇄	2022년 4월 15일

지은이	임석재
펴낸이	김정순
책임편집	박창석 최미연
마케팅	이보민 양혜림 이다영

펴낸곳	(주)북하우스 퍼블리셔스
출판등록	1997년 9월 23일 (제406-2003-055호)
주소	04043 서울특별시 마포구 양화로 12길 16-9 (서교동 북앤빌딩)
전자우편	editor@bookhouse.co.kr
홈페이지	www.bookhouse.co.kr
전화	02-3144-3123
팩스	02-3144-3121

ISBN   89-5605-146-1   03690